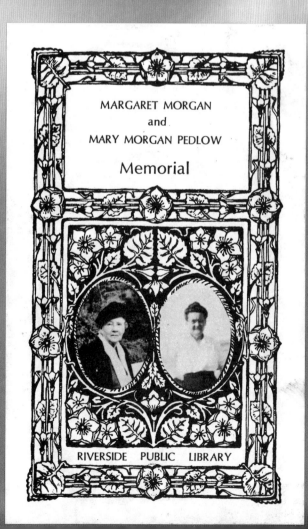

IDEAS PRÁCTICAS DE DECORACIÓN
COCINAS

IDEAS PRÁCTICAS DE DECORACIÓN
COCINAS

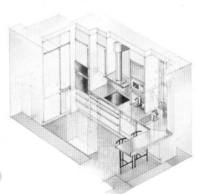

JOHNNY GREY

Ediciones B
GRUPO ZETA

Barcelona • Bogotá • Buenos Aires • Caracas • Madrid • México D. F.
Montevideo • Quito • Santiago de Chile

UN LIBRO DORLING KINDERSLEY

Título original *Home design workbooks: Kitchen*

Editora Bella Pringle
Director artístico Colin Walton
Selección gráfica Julia Pashley
Localización fotográfica Peter Anderson
Estudio fotográfico Matthew Ward
Estilistas Michelle e Yvonne Roberts

Traducción Irene Saslausky

*Dedicado a Harry, Felix, Augusta y Benedict,
para quienes algún día este libro será útil*

Publicado por primera vez en Gran Bretaña
en 1997 por Dorling Kindersley Limited,
9 Henrietta Street, Londres, WC2E 8PS

© 1997, Dorling Kindersley Limited, London
© 1997, textos de Johnny Grey
© 1998, Ediciones B, S. A.
Bailén, 84 - 08009 Barcelona (España)

1.ª edición: septiembre, 1998
ISBN: 84-406-8196-8

Ésta es una coedición de Ediciones B, S. A.,
y Ediciones B Argentina, S. A., con Dorling Kindersley Ltd.

INTRODUCCIÓN • 6

ELEMENTOS DE COCINA • 16

SUMARIO

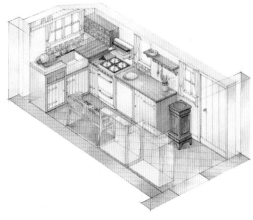

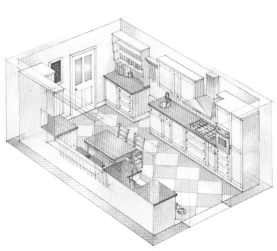

INTRODUCCIÓN

PARA MUCHOS DE nosotros, la cocina es la habitación más utilizada de la casa. No sólo es un lugar donde reponer fuerzas, sino el sitio donde se reúnen los adultos y al que acuden los niños, y no sólo para comer sino para buscar compañía.

Tengo un recuerdo muy agradable de la pequeña y caótica cocina de nuestra casa londinense, donde mi madre cocinaba para siete personas y donde comíamos la mayoría de las veces. Aunque la cocina era muy estrecha y oscura, tenía el techo bajo y contenía una enorme y ruidosa nevera que ocupaba una cuarta parte del espacio, las comidas eran memorables por la animada conversación y las risas. Creo que hay pocas cocinas que combinen una organización acertada con el ambiente cálido que recuerdo de mi infancia.

Combinar la eficacia en la distribución de los electrodomésticos y los muebles con la comodidad resulta muy difícil, pero es la base del diseño ergonómico. En *Cocinas* he intentado plasmar cómo se puede lograr este equilibrio deseado, ya sea en el diseño de una cocina completamente nueva o en la reforma de una ya existente.

△ **SUPERFICIES CON PERSONALIDAD**
Los detalles artesanales, como esta puerta de madera con un tirador tipo «asa» y su cenefa de marquetería, dan personalidad a la cocina.

ESPACIO CREATIVO ▷
El aspecto acogedor de la cocina de Elizabeth David fue para mí una fuente de inspiración. Gracias a ella descubrí que las cocinas podían estar cómodamente amuebladas, al igual que cualquier otra habitación de la casa.

◁ **DÓNDE GUARDAR LA VAJILLA**
Al elegir los elementos de la cocina mantenga una actitud abierta. Un viejo armario para la vajilla tal vez responda mejor a su idea que unos muebles empotrados.

que realizamos, así como la compra de electrodomésticos, muebles y otros accesorios que parecen atractivos en los catálogos y las tiendas, pero que son inadecuados con el estilo de vida o los hábitos propios. Mi objetivo es ayudarle a evitar estos errores tan costosos.

Al instalar una cocina lo más caro son los muebles, los electrodomésticos y las obras. Resulta importante evaluar el presupuesto y decidir cuáles son los gastos prioritarios. Opino que es mejor tener pocos muebles de calidad, con quizás algún armario de calidad inferior que se pueda eliminar más adelante, que una cocina completa compuesta por módulos baratos y malos que no durarán.

△ **ACERO INOXIDABLE**
Hay que pensar cuidadosamente antes de elegir el acabado de los armarios. Un material industrial como éste es resistente al calor y al agua y refleja la luz, iluminando con ello la habitación.

Como me he dedicado al diseño de cocinas durante los últimos dieciocho años y he estado en contacto con las necesidades de muchos individuos y familias, he desarrollado un gran afecto por la cocina y un gran conocimiento acerca de su diseño. Al principio, gran parte de este entusiasmo me fue transmitido por Elizabeth David, mi difunta tía, que se dedicaba a escribir libros de cocina. Fue la primera en demostrarme que no era necesario que las cocinas fueran cajas de plástico laminado, cuidadosamente dispuestas a lo largo de las paredes. Su cocina estaba muy bien ambientada, era casi un estudio (escribió muchos de sus libros en la mesa de pino lavado), pero también era una sala... y todo esto ocurría durante los años cincuenta y sesenta, cuando este tipo de diseño no estaba de moda en absoluto. En la actualidad, hemos vuelto al punto de partida. El concepto de la cocina como un lugar donde vivir, relajarse y hacer vida social, además de cocinar, le hubiera gustado.

Después de comprar una casa o un piso, el diseño de la cocina suele suponer la mayor inversión

ACTIVIDADES EN LA COCINA

Debe empezar por decidir qué actividades desarrollará y cuánto tiempo pasará en su nueva cocina. ¿Quiere usarla sólo para cocinar de vez en cuando, para cocinar profesionalmente o le gustaría que fuera el principal centro de reunión del hogar? He descubierto que muchos de mis clientes prefieren cocinas que no sólo sean un lugar donde cocinar, sino una zona para comidas informales, donde los adultos reciban a sus amigos y los niños hagan los deberes, dibujen o pinten. También requieren una zona «blanda», con una alfombra para que los niños jueguen, un sofá y un televisor para relajarse, y un lugar dedicado a la administración del hogar y a atender las llamadas telefónicas.

FRESQUERA ▷
Para colocar los productos frescos y no contar únicamente con el frigorífico.

◁ COLGADOR
DE UTENSILIOS
Un colgador de hierro
forjado, situado encima
de los fogones o de la
zona de preparación de
comidas, facilita el acceso
a los utensilios de cocina
y además es decorativo.

Para conseguir un diseño de cocina acorde con sus necesidades, es necesario repasar las decisiones principales. Primero deberá decidir qué le agrada y qué le desagrada de la cocina existente, y aplicar las ideas que le proporcionaremos más adelante para construir la imagen de su cocina ideal. Tenga en cuenta cómo se desplaza por la cocina: ¿qué distancia existe entre el frigorífico y la zona para la preparación de los alimentos? Los armarios ¿son difíciles de alcanzar? Las encimeras ¿están cerca de los fogones? ¿Resulta fácil cargar con la compra desde el coche?

Una vez que haya descubierto cómo utilizará el espacio, establezca cuáles son los elementos más adecuados a sus necesidades. En el capítulo dedicado a *Elementos de cocina*, se destacan las ventajas y desventajas de los electrodomésticos principales. Por ejemplo, si sus platos incluyen

△ ZÓCALO DE CRISTAL
El cristal puede sustituir a los azulejos para proteger las paredes junto a las encimeras.

¿QUÉ ESPERA DE SU COCINA?

Antes de adquirir muebles y equipos costosos, evalúe su estilo de vida y el tipo de actividades no culinarias que desee desarrollar en su nueva cocina. Examine las siguientes opciones y decida cuál es la más adecuada a sus necesidades.

❶ UNA HABITACIÓN EXCLUSIVAMENTE DEDICADA A COCINAR.

❷ UNA HABITACIÓN FAMILIAR DONDE SE CONSUMEN COMIDAS LIGERAS.

❸ UNA COCINA QUE SE CONVIERTE EN COMEDOR.

❹ UN ESPACIO DONDE PREPARAR COMIDAS A GRAN ESCALA.

❺ UNA HABITACIÓN DONDE ESCRIBIR, INVESTIGAR Y PLANIFICAR MENÚS.

❻ UNA ZONA DONDE LOS NIÑOS PUEDAN JUGAR Y HACER LOS DEBERES.

¿ES ADECUADA LA HABITACIÓN?

Antes de gastar grandes sumas en reformar una cocina existente o en diseñar una partiendo desde cero, ha de asegurarse de que la habitación elegida disponga de los elementos necesarios o que resulte fácil de adaptar.

☐ El espacio ¿es lo suficientemente grande para sus necesidades o las de su familia? ¿Podría ampliarse?

☐ La habitación ¿tiene acceso a otras estancias interrelacionadas como la despensa, el office y el comedor? ¿Es posible añadir o desplazar puertas para mejorar la comunicación?

☐ La habitación ¿está junto al jardín, para disfrutar de una zona exterior para las comidas veraniegas, observar a los niños mientras juegan o mantener la puerta abierta y aumentar la ventilación?

☐ La habitación pensada ¿dispone de un acceso fácil o directo al garaje o al aparcamiento para descargar la compra?

☐ La iluminación natural ¿es buena? ¿Se podría mejorar incorporando otra ventana?

☐ ¿Hay suficientes tomas de agua y electricidad, y están bien distribuidos?

---

muchos ingredientes frescos, podrá juzgar si es mejor invertir en un armario despensa o en un frigorífico amplio. Independientemente de cuáles sean las dimensiones de su cocina, intente limitar el número de los elementos para no complicar el proyecto. En las cocinas pequeñas, los elementos duraderos multifuncionales resultarán de mayor utilidad que los especializados, cuyo uso sólo es ocasional. Ocurre lo mismo con los artilugios y aparatos eléctricos pequeños, cuya utilidad limitada no justifica el espacio que ocupan.

CARÁCTER DE LA COCINA

El carácter de una habitación está determinado por los elementos individuales. En el caso de las cocinas, éstos también han de ser funcionales, pues su uso es más frecuente que el de otros muebles del hogar y a diario entran en contacto con el calor, el vapor y el agua. Las neveras y las encimeras de acero

inoxidable, por ejemplo, proporcionan un aspecto profesional a la cocina doméstica, ya que este material sumamente duradero suele emplearse en las cocinas de los restaurantes. Sin embargo, con armarios de madera o utensilios colgados se obtiene un ambiente cálido asociado a las cocinas rústicas.

Los electrodomésticos no son lo único importante. Otros detalles, como las encimeras, la iluminación, los acabados de los armarios, los revestimientos y los pavimentos, influyen en el carácter de una habitación y contribuyen a crear un ambiente confortable en la cocina. Al elegir estos elementos ha de tener en cuenta factores tanto estéticos como prácticos. Además de bello, el pavimento de la cocina, por ejemplo, debe ser higiénico, duradero y agradable al tacto, mientras que una combinación adecuada de las luces de trabajo con la iluminación ambiental adquiere gran importancia en las zonas de trabajo y de comida.

¿QUÉ PODRÍA MODIFICAR?

La lista siguiente será útil
para advertir qué desearía
mejorar o reemplazar en
su cocina.
☐ Modificar la forma de
la habitación existente.
☐ Modificar elementos
arquitectónicos.
☐ Mejorar la iluminación
natural.
☐ Modificar el orden de
los armarios.
☐ Mejorar los principales
electrodomésticos.
☐ Aumentar el número
de las tomas de corriente.
☐ Rediseñar la
iluminación.
☐ Desplazar las tuberías.
☐ Racionalizar el espacio
de los contenedores.
☐ Modificar el tamaño y
la altura de las encimeras.
☐ Cambiar el material de
éstas.
☐ Renovar el pavimento.
☐ Renovar los
revestimientos y zócalos.
☐ Modificar el estilo de
armarios y tiradores.
☐ Cambiar el sentido de
apertura de las puertas de
acceso.
☐ Cambiar el mobiliario.
☐ Actualizar las cortinas,
tapicerías y otros tejidos.
☐ Disminuir los ruidos.

En el caso de los armarios, la calidad del acabado y
la elección de los materiales resultan vitales con
respecto al desgaste cotidiano. Según cómo sean los
acabados —satinados o mates, pálidos u oscuros—,
la luz natural se reflejará de un modo u otro.

DISTRIBUCIÓN DE LA COCINA

Opino que las cocinas se dividen en dos categorías:
las empotradas y las exentas o sin empotrar. Las
empotradas, concebidas en los años cincuenta como
la solución «ideal», se basan en armarios de pared,
mientras que en las exentas se utilizan diversos
elementos sueltos para amueblar la estancia.

Me interesan especialmente las últimas y considero
que en los años ochenta fui un pionero en el diseño

de éstas. Su popularidad ha ido creciendo, ya que
para mucha gente su aspecto cálido y confortable las
hace más agradables y facilita el trabajo en ellas. La
cocina familiar (abajo), es un ejemplo de este tipo de
propuesta. Agrupar los elementos empleados para
cocinar y preparar reduce el número de armarios de
pared, dejando espacio para una mesa, un sofá y
unas puertas que abren al jardín.

El objetivo fundamental de este libro es explicar
cómo lograr un diseño de cocina ergonómico, en la
que el usuario se sienta cómodo. Además del
tamaño de su cocina, le ayudaremos a elegir los
electrodomésticos y los muebles según sus
necesidades y a situarlos para que su uso resulte
fácil, de un modo no sólo práctico sino atractivo.

Modificar la forma ▷
Para crear una cocina familiar
amplia con espacio para sentarse,
comer y que disponga de un
escritorio, se han unido tres
habitaciones más pequeñas.

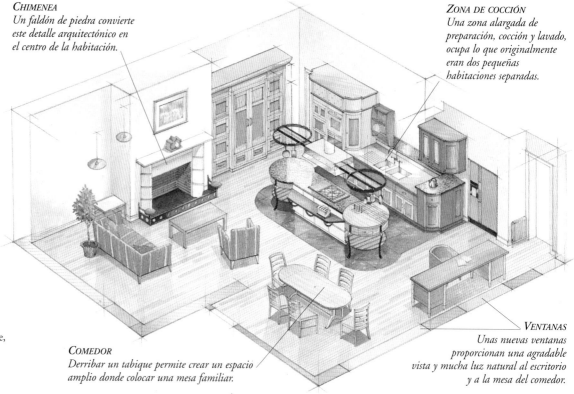

Chimenea
*Un faldón de piedra convierte
este detalle arquitectónico en
el centro de la habitación.*

Zona de cocción
*Una zona alargada de
preparación, cocción y lavado,
ocupa lo que originalmente
eran dos pequeñas
habitaciones separadas.*

Comedor
*Derribar un tabique permite crear un espacio
amplio donde colocar una mesa familiar.*

Ventanas
*Unas nuevas ventanas
proporcionan una agradable
vista y mucha luz natural al escritorio
y a la mesa del comedor.*

◁ **CUIDADO DE LA COCINA**
Para no deteriorarse, una cocina acabada requiere un mantenimiento regular. Aquí se han encerado las encimeras, barnizado los suelos y pintado las puertas de los armarios.

PLAN DE ACCIÓN

Antes de emprender las reformas utilice esta lista para comprobar que no ha olvidado nada. Fije una fecha de finalización coordinando a fontaneros, electricistas e instaladores. Tenga en cuenta lo siguiente:

☐ ¿Ha obtenido los permisos pertinentes para realizar las modificaciones estructurales?

☐ ¿Dispone del tiempo necesario para realizar usted mismo una parte del trabajo?

☐ ¿Necesitará ayuda profesional?

☐ ¿Ha estimado los costes con precisión y ha incluido algún gasto suplementario?

☐ ¿Ha calculado una suma suficiente para la decoración y detalles finales?

☐ ¿Entran las obras dentro de su presupuesto o está dispuesto a conservar algunos elementos sin modificar?

☐ ¿Aumentarán las reformas el valor de venta de su propiedad?

☐ ¿Ha pensado dónde comerá mientras duran las obras?

EVALÚE SUS NECESIDADES

LAS SIGUIENTES PREGUNTAS le ayudarán a establecer los requisitos específicos de su cocina y a pensar en la manera de planificarla; a medida que lea este libro, podrá recopilar una lista de los elementos y los diseños más adecuados a sus necesidades.

ALMACENAR

El número de comensales, cuántas comidas prepara en su hogar, el tipo de alimentos que emplea, cómo hace la compra y quién necesita tener acceso a lo almacenado determinará el tipo de contenedores (armarios, cajones, colgadores, cajas, etc.) que precisará en su cocina.

■ ALIMENTOS:

□ ¿Cocina mezclando alimentos frescos, congelados, secos, en conserva o en lata, o hay algún tipo que predomina?

□ ¿Dispone del suficiente espacio en el frigorífico, el congelador y los armarios para guardar todos los ingredientes elegidos?

□ Si cocina básicamente con ingredientes frescos, ¿dispone de un contenedor fresco y bien ventilado para verduras, etc., o sólo cuenta con el frigorífico?

□ Si le gusta preparar platos con anticipación, ¿dispone de espacio suficiente en el congelador?

□ ¿Trabaja todo el día, vive lejos de las tiendas o no tiene coche, y necesita por ello más espacio en el congelador?

□ ¿Compra los artículos esenciales a granel y requiere un espacio adicional para guardar envases grandes, latas y botellas?

□ ¿Conserva botellas de buen vino y necesita un lugar con una temperatura uniforme, alejado del horno y de los fogones?

□ Los elementos para almacenar alimentos, como el frigorífico y la despensa, ¿están cerca de las zonas de preparación para evitar desplazamientos por la cocina?

□ Los alimentos ¿están bien organizados, son fáciles de encontrar y no están perdidos u olvidados en la parte posterior de los armarios?

□ ¿Gasta una energía innecesaria poniéndose de puntillas para coger ingredientes situados en estantes altos o agachándose para llegar hasta un módulo debajo de la encimera? Si fuera así, ¿podría reorganizar los armarios más eficazmente, colocando los artículos de uso más frecuente a media altura?

□ Si tiene niños pequeños, ¿desea disponer de algunos lugares elevados y fuera de su alcance para guardar ciertos alimentos controlados, como dulces y galletas?

■ EQUIPO:

□ ¿Ha acumulado gran número de accesorios de cocina y necesita guardarlos? En este caso, ¿ha comprobado que todos los artículos sean de utilidad?

□ ¿Hay artículos de uso poco frecuente que podrían colocarse en estantes altos?

□ ¿Ha pensado en un espacio para guardar los utensilios habituales cerca de las encimeras?

□ ¿Hay espacio para enchufar electrodomésticos pesados, tostadoras y exprimidores en la parte posterior de las encimeras?

□ ¿Es posible guardar utensilios de cocina cerca de los fogones?

□ ¿Es posible guardar tablas de picar y cuchillos cerca del lugar de preparación?

□ ¿Es posible guardar las cacerolas y moldes cerca del horno?

□ Los platos, copas y cubiertos de diario ¿están guardados cerca del comedor para poner la mesa, o cerca del lavavajillas?

□ ¿Ha pensado en un espacio en la cocina para guardar artículos no relacionados con ésta, como los de limpieza, etc.?

PREPARACIÓN DE LOS ALIMENTOS

Un espacio adecuado para la preparación de alimentos requiere una planificación cuidadosa. Tenga en cuenta su ubicación en relación con otras áreas de actividad, el tipo de alimentos que prepara, el número de personas para las que cocina a diario y si necesita zonas de preparación suplementarias para que otros compartan las tareas.

□ ¿Cuál es el desgaste cotidiano que sufren las encimeras? ¿Prepara varias comidas diarias en casa o suele comer fuera? ¿Cocina para una persona, para dos o debe alimentar a una familia?

□ ¿Prepara la comida solo o comparte el espacio de trabajo con su compañero o sus hijos? Si los niños participan en la preparación, ¿resultaría útil una encimera baja?

□ ¿Cocina básicamente alimentos frescos que requieren mucha preparación, o utiliza alimentos precocinados que requieren un espacio mínimo?

□ ¿Le gustaría que las encimeras fueran de materiales diferentes, aptos para actividades diversas, como un mármol frío y pulido para amasar? ¿O prefiere que todas sean del mismo material?

□ Mientras cocina, ¿prefiere trabajar mirando a la habitación, a través de una ventana o cara a la pared?

COCINAR

El tipo y la ubicación de los electrodomésticos vendrán determinados por el tipo de cocina preferida, ya sea la preparación de platos muy elaborados o el recalentado rápido de platos precocinados, si cocina en solitario o acompañado, con qué frecuencia cocina en casa y el número de comensales para los que suele hacerlo.

☐ ¿Le gusta cocinar mirando hacia la habitación? En ese caso, piense en una zona central para cocinar.
☐ ¿Requiere por sus hábitos una cocina fácil de controlar, ya sea de gas o de inducción?
☐ Una cocina de vitrocerámica ¿disminuiría los trabajos de limpieza?
☐ Si disfruta preparando platos elaborados, ¿le resultaría útil añadir a los fogones algún suplemento, como una parrilla?
☐ ¿Resultaría útil un sistema de extracción para eliminar los olores de la cocina? En ese caso, ¿qué sería más adecuado para instalar encima de los fogones: una campana permanente o una abatible?
☐ ¿Suele cocinar para más de cinco personas? En ese caso, ¿el horno es suficientemente amplio o sería más adecuado uno doble o una cocina industrial?
☐ ¿Le gusta preparar, recalentar o descongelar platos al instante? En ese caso, ¿ha calculado el espacio para un horno microondas?

COMER

Reflexione acerca del tipo de comidas que desea consumir en la cocina: sólo desayunos y tentempiés, o almuerzos y cenas; el número de comensales que se sientan a la mesa y la frecuencia con la que tiene invitados. Estas decisiones le ayudarán a determinar el tamaño y el tipo de mesa que necesitará, además de la dimensión y la ubicación ideal para la zona del comedor.

☐ ¿Quiere comer en la cocina o prefiere hacerlo en otra habitación?
☐ ¿Qué comidas quiere consumir específicamente en la cocina?
☐ ¿Cuántos comensales se sentarán a comer a diario?
☐ ¿Le gustaría que sus invitados comieran en el ambiente informal de la cocina?
☐ ¿Ha pensado en colocar la mesa de modo que disponga de una buena fuente de luz natural, no esté sujeta a corrientes de aire y esté alejada de las principales áreas de actividad de la cocina?
☐ Si el espacio fuera limitado, ¿sería más adecuada una mesa plegable?
☐ ¿Bastaría con una zona comedor tipo barra alrededor de una isla central?
☐ Un banco fijo en lugar de sillas ¿permitiría a más comensales sentarse a la mesa?
☐ ¿Es importante que la mesa disponga de una superficie dura y resistente?

FREGADO Y ELIMINACIÓN DE BASURAS

Simplifique el fregado y reclicado de los alimentos eligiendo el fregadero, el escurridor y el lavavajillas basándose en la cantidad de trabajo que ha de realizar.

■ FREGAR:

☐ Si utiliza muchos platos y copas a diario, ¿merece la pena invertir en un lavavajillas para ahorrar tiempo? Si el lavavajillas ha de funcionar mientras está en la cocina, ¿ha comprobado que sea silencioso?
☐ Si usa muchas cacerolas grandes, ¿dispone de un fregadero lo bastante amplio como para lavarlas adecuadamente?
☐ Al fregar, ¿prefiere mirar hacia la pared, a través de la ventana o hacia la habitación?

■ BASURAS:

☐ ¿Eliminará todas las basuras o reciclará una parte?
☐ ¿Dispone de espacio en la cocina para cubos para reciclar vidrio, papel, metal, etc.? ¿Los almacenará en el exterior o en el garaje?
☐ ¿Desearía almacenar restos de alimentos para obtener abono natural? En ese caso, ¿dispone de un cubo cerca de la zona de preparación de alimentos?

CÓMO UTILIZAR ESTE LIBRO

ESTE LIBRO ENUMERA los conocimientos prácticos necesarios para diseñar una habitación acorde con su estilo de vida y crear un espacio eficaz y confortable; le permitirá planificar una cocina nueva o adaptar una ya existente. Las preguntas que aquí se plantean le ayudarán a evaluar sus necesidades respecto a su propia cocina, más tarde un estudio de los electrodomésticos y los accesorios le facilitará la elección de los que se adaptan mejor a sus necesidades. Después, unos planos en 3D de seis cocinas diferentes le explican cómo realizar un diseño correcto y, finalmente, unas instrucciones acerca de cómo tomar las medidas y dibujar el plano le permitirán trasladar sus ideas a la realidad.

2. ELIJA LOS ACCESORIOS ▽

Estudiaremos diversos electrodomésticos y accesorios para confeccionar una lista de las actuaciones más adecuadas a sus necesidades *(véanse pp. 16-47)*. El recuadro «Recuerde» destacará los puntos claves del diseño y señalará las ventajas e inconvenientes de cada elemento. En los casos en los que la altura de un electrodoméstico o accesorio esté relacionada con su facilidad de uso, un pequeño diagrama recomienda las dimensiones ideales y la altura más eficaz.

1. EVALÚE SUS NECESIDADES ▽

Una serie de preguntas preliminares *(véanse pp. 12-13)* plantean reflexiones acerca de los requisitos de su futura cocina, y del estado y las posibilidades de su cocina actual. Al examinar ciertos aspectos de su estilo de vida, como por ejemplo cómo cocina, come o friega, le resultará más fácil descubrir cuáles son los electrodomésticos y las soluciones más adecuadas para reformar la cocina o construir una nueva.

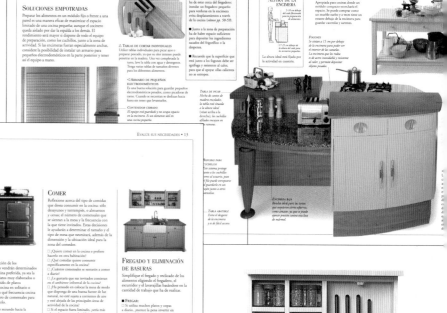

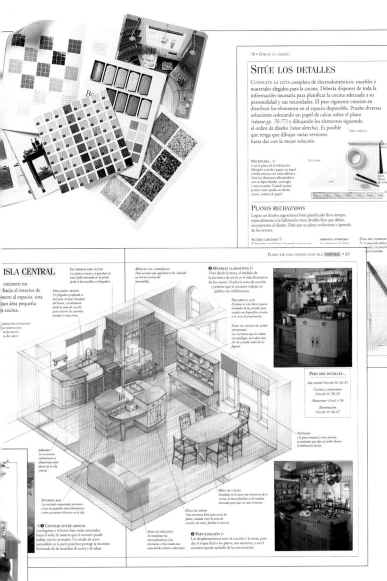

4. DISEÑE SU COCINA △

Cuando se sienta satisfecho con sus ideas sobre la cocina, diríjase a las *pp. 74-78* dedicadas a *Dibujar el diseño* y ponga sus ideas en práctica. Esta sección ofrece instrucciones para medir la habitación en la que se instalará la cocina, detalles acerca de cómo dibujar a escala la planta y los diversos alzados de las paredes. Encontrar una solución necesita tiempo; dibuje diversas opciones en papel de calcar y elija los mejores elementos de cada una.

3. CÓMO DIBUJAR UN PLANO △

Un capítulo dedicado a los *Planos (véanse pp. 48-73)* examina con detalles seis diseños de cocina reales y ofrece consejos y sugerencias para distribuir todos los elementos en el plano. Un dibujo tridimensional, una planta, unas fotografías y una lista de puntualizaciones referidas al diseño explican la idea sobre la que se basa cada solución.

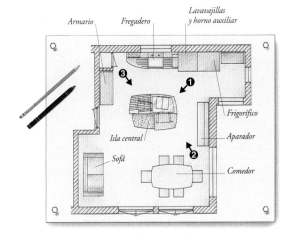

Armario *Fregadero* *Lavavajillas y horno auxiliar*

Frigorífico

Aparador

Isla central

Sofá

Comedor

CÓMO UTILIZAR EL PAPEL CUADRICULADO

■ Dibuje la habitación a escala *(véanse pp. 76-77)* en el papel cuadriculado de las *pp. 89-96*. Si necesitara más, fotocópielas.

■ Para una cocina de dimensiones pequeñas utilice el papel con una escala métrica de 1:20, en la cual un cuadrado grande representa 1 m y uno pequeño 10 cm. Por consiguiente, una superficie de 60 cm de largo ocupará seis cuadrados pequeños.

■ Para una cocina de dimensiones mayores, utilice el papel cuadriculado de 1:50, de escala menor. Un cuadrado grande representa 1 m y los pequeños 10 cm.

■ Una vez que haya dibujado la cocina en papel cuadriculado, dibuje diversas variantes sobre papeles de calcar superpuestos.

ELEMENTOS DE COCINA

ALMACENAR ALIMENTOS FRESCOS

SI UTILIZA CON frecuencia productos frescos elija armarios despensa bien ventilados y alejados de las zonas calientes y húmedas de la cocina; de este modo no dependerá sólo del frigorífico para la conservación de los alimentos. Asegúrese de que todos los alimentos frescos estén a la vista, para evitar que se estropeen.

CONTENEDOR ESPACIOSO

Un gran armario despensa es el sustituto actual de la antigua alacena. Dadas sus dimensiones y concepción permite guardar todos los alimentos —salvo los que se conservan en el frigorífico o el congelador— en un único espacio y no en diversos lugares sobre o bajo las encimeras. Un buen contenedor dispone de estantes de alturas variables para ajustarse a las exigencias de los envases actuales y es poco profundo, para evitar que los artículos situados al fondo caigan en el olvido.

ESTANTES SUPERIORES
Los artículos de uso menos frecuente o los comprados a granel pueden almacenarse a alturas menos accesibles, fuera de la vista.

ESTANTES POCO PROFUNDOS
Evite colocar artículos pesados en los estantes de las puertas porque dificultará su apertura.

DESPENSA MODERNA △
Un armario con puertas correderas y plegables proporciona un máximo de visibilidad y accesibilidad, y el espacio que ocupan es mínimo. Los estantes de barras de acero inoxidable permiten que el aire circule por el interior; las paredes, el suelo y las puertas son fáciles de limpiar.

CAJONES EXTRAÍBLES
Las verduras frescas, el pan o los productos voluminosos pueden guardarse en los compartimentos más bajos.

ARMARIO DESPENSA ▽

Este bonito mueble, alejado del área de trabajo principal, proporciona un lugar fresco, oscuro y bien ventilado para almacenar una multitud de productos frescos y no perecederos. Los estantes poco profundos facilitan el acceso a los artículos y evitan que se pierdan o se olviden.

PUERTAS A TODA ALTURA
Al abrir las puertas de toda la altura del mueble se descubre el contenido completo del armario.

ESTANTE DE GRANITO
Un estante frío de granito de 60 cm de profundidad mantendrá el queso y otros productos frescos a temperatura ambiente.

RECUERDE

■ Calcule anticipadamente qué artículos prefiere guardar en el armario despensa y cuáles en el frigorífico. Si compra en grandes cantidades, necesitará espacio adicional.

■ En un armario despensa, el estante central debe tener unos 60 cm de profundidad; el acceso a los estantes a media altura será más fácil si la profundidad de éstos es unos 15-30 cm menor que la del estante central.

■ Si piensa guardar muchos productos frescos en el armario despensa, unos conductos de ventilación mejorarán las condiciones. El interior debe ser oscuro para retrasar el deterioro de las frutas y las verduras frescas.

A QUÉ ALTURA ALMACENAR

Lo ideal es que el estante superior esté a nivel de los ojos.

Los estantes bajos deben estar bien espaciados o convertirse en cajones para guardar artículos voluminosos.

La zona más accesible está entre la altura de la rodilla y los ojos. Guarde los artículos de poco uso por encima y debajo de esta línea.

PEQUEÑOS CONTENEDORES

Conservar en el frigorífico algunos alimentos frescos, como los tomates, los huevos, las frutas blandas y el pan, afecta a su sabor; es mejor conservarlos a temperatura ambiente. He aquí algunas soluciones para este problema.

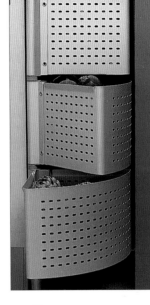

△ **CAJÓN PARA EL PAN**
Este sustituto de la panera tradicional tiene una bandeja extraíble para eliminar las migas. La tapa de madera sirve como tabla de cortar.

CESTA GIRATORIA ▷
Una moderna cesta proporciona oscuridad y ventilación para guardar patatas, zanahorias, etc.

FRESQUERA ▽
Una fresquera tradicional, con sus puertas de malla de alambre, evita que las moscas se posen sobre los alimentos frescos y permite la ventilación; la calefacción central y los veranos cálidos limitan su uso a huevos, quesos, diversas frutas blandas y tomates.

PUERTAS DE MALLA METÁLICA
Evitan que el polvo y los insectos entren en contacto con los alimentos frescos.

ALTURA ELEVADA
Una fresquera con patas asegura que los alimentos se conservan separados del suelo.

ALMACENAR ALIMENTOS EN FRÍO

AL DECIDIR EL tipo de nevera o congelador más adecuado a sus necesidades, tenga en cuenta cuántos son de familia, sus hábitos de compra y alimentación, y el sitio que ocupará en la cocina. La clave está en cómo organizar los alimentos en el espacio disponible; deberá comprobar que el modelo elegido tenga estantes regulables y cajones transparentes que faciliten su empleo.

FRIGORÍFICO BAJO LA ENCIMERA

Para una cocina pequeña, considere la posibilidad de colocar una nevera congelador bajo la encimera, lo que le permitirá aprovechar mejor el espacio. Si el electrodoméstico está a ras de la encimera, el espacio interior está bien organizado y está situado justo bajo la zona de preparación de los alimentos, resultará muy eficaz. No olvide que el frigorífico es uno de los electrodomésticos de mayor uso, y los repetidos movimientos para introducir y extraer alimentos resultan fatigosos.

INTERIOR DEL FRIGORÍFICO
Asegúrese de que el espacio interior tiene capacidad para los artículos grandes, como las botellas.

FRIGORÍFICO PEQUEÑO ▽
Piense cuidadosamente antes de decidir la compra de un frigorífico pequeño. Si disfruta cocinando con regularidad, su capacidad limitada tal vez no le resulte muy conveniente.

ESTANTES EN LAS PUERTAS
Para un acceso fácil coloque aquí los artículos que desea descongelar para su uso inmediato.

CAJONES FRIGORÍFICO ▽
Una innovación reciente en el almacenamiento en frío de los alimentos son las neveras y los congeladores del tamaño de un cajón. Permiten conservar los productos en frío en diversos lugares estratégicos de la cocina.

FÁCIL ACCESO
Las grandes puertas de las neveras pueden ser difíciles de abrir; los cajones individuales extraíbles ofrecen un acceso más fácil.

PRODUCTOS FRESCOS
La temperatura de este cajón varía entre los 0,5 °C y los 3 °C, con un 50 % de humedad.

HUMEDAD ELEVADA
En este cajón, una humedad relativa de hasta un 90 % mantiene las frutas y las verduras frescas y crujientes.

RECUERDE

■ Tenga en cuenta con qué frecuencia prepara y congela comidas por adelantado. ¿O suele cocinar productos frescos?

■ Otros aspectos que pueden influir en su decisión son: el contenido en CFC (cloroflurocarburos), si el aparato es ruidoso, la capacidad de descongelación y el rendimiento energético.

■ Al situar el frigorífico en la habitación, deje espacio para el acceso. Especifique hacia qué lado desea que se abra la puerta y coloque una encimera cerca para introducir y extraer los alimentos.

■ Después de la compra, evite llenar el frigorífico en exceso ya que tarda en volver a enfriarse.

MODELOS EXENTOS

Diseñados como elementos de cocina sueltos, estos electrodomésticos no están limitados por la necesidad de tener que encajar en los muebles estándar. Muchos modelos tienen ruedas y es fácil moverlos para repararlos o desplazarlos a otro lugar.

COMPARTIMENTO PARA LÁCTEOS
Una tapa transparente evita que los olores y sabores afecten a su contenido.

◁△ **ESTILO MODERNO**
Unos tiradores del largo de la puerta *(arriba)* facilitan la apertura de la amplia nevera de acero inoxidable, que presenta el contenido bien organizado en compartimentos de plástico y cristal fáciles de limpiar *(izquierda)*.

ESTANTES SEGUROS
Los bordes elevados de los estantes evitan las caídas.

ESTANTES PROFUNDOS EN PUERTAS
Los artículos grandes pueden guardarse en dos filas; una pared alta evita que los envases grandes se vuelquen.

▽ **ESTILO TRADICIONAL**
Si prefiere que el frigorífico quede disimulado, puede alojarlo dentro de un armario. Las verduras que necesiten ventilación, pero no frío, se almacenan en cestas en la parte inferior.

VENTILACIÓN
Las rejillas de ventilación delanteras evitan las espirales en la parte posterior, permitiendo que el frigorífico se apoye contra la pared.

CAJÓN VERDULERO
Situados en la parte más fría del frigorífico, los cajones transparentes para frutas y verduras permiten ver lo que hay que reemplazar o eliminar.

GUARDAR ALIMENTOS NO PERECEDEROS

LA ORGANIZACIÓN Y el acceso a los artículos del contenedor es fundamental. Los alimentos en lata, embotellados y secos se conservan mejor que los frescos y se manipulan con más facilidad que los delicados, por lo que pueden guardarse en módulos estrechos y muebles esquineros giratorios que llenen los rincones de la cocina.

SOLUCIONES ESTRECHAS

En las cocinas más amplias, los armarios altos y extraíbles de dos caras constituyen una eficaz solución, porque es fácil acceder a los artículos situados en la parte trasera. Asegúrese de que hay espacio a ambos lados para alcanzar las bandejas del extraíble y de que exista un barrote a media altura para evitar que los artículos se caigan. Coloque los artículos de uso menos frecuente y más pesados en el estante inferior.

APERTURA FÁCIL
Un tirador central distribuye el peso, facilitando la apertura del módulo, incluso cuando está lleno.

ESPACIO LIBRE
Debe haber suficiente espacio libre entre cada estante para colocar y sacar los artículos más grandes.

BOTELLAS GRANDES
El espacio para éstas se crea retirando el penúltimo estante.

BARRA DE SEGURIDAD
Para estos artículos más pesados la barra que los sostiene es más gruesa.

ACABADO LAMINADO
Los duraderos laminados son fáciles de limpiar y resistentes a los golpes.

◁ **CONTENEDOR EXTRAÍBLE**
El éxito de este contenedor radica en su flexibilidad y facilidad de acceso. Se desliza sobre raíles y la altura de los estantes y el tamaño de los compartimentos pueden modificarse para albergar diversos productos no perecederos.

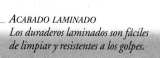

ACCESO DIRECTO
Las guías de los cajones forman parte de la rejilla protectora, permitiendo el acceso ininterrumpido a los estantes.

CAPACIDAD
En los estantes profundos y anchos, caben al menos cuatro botellas grandes.

BOTELLERO EXTRAÍBLE △
Un botellero estrecho y extraíble es útil para guardar aceite, vinagre y vinos para cocinar. Se puede instalar en cualquier espacio estrecho junto a los fogones, el horno o la zona de trabajo.

ARMARIOS SUPERIORES

Los estantes y los armarios superiores proporcionan un espacio de almacenamiento sobre las encimeras. Situados cerca de la zona de preparación, resultan útiles para guardar especias, aceite y vino. En las cocinas pequeñas, los módulos de pared pueden ser una buena solución, pero para ser ergonómicos deben estar situados a la altura de los ojos, lo que en ocasiones dificulta la visión de la encimera al trabajar y obliga a mantener la cabeza y la espalda rectas. Intente no situar armarios sobre encimeras de uso frecuente o del fregadero.

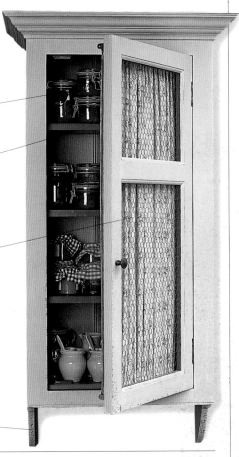

ESTANTE SUPERIOR
Los botes menos utilizados deben almacenarse en el estante superior.

PROFUNDIDAD DE LOS ESTANTES
Deben tener entre 15 y 30 cm de profundidad para que todos los artículos sean visibles.

PUERTA DE TELA DE GALLINERO
Una puerta de tela de gallinero forrada con tela permite la circulación del aire y protege los alimentos de la luz solar directa.

SOPORTE DE PARED
Asegúrese de que los soportes de pared están bien fijados, pues el módulo pesa mucho cuando está lleno.

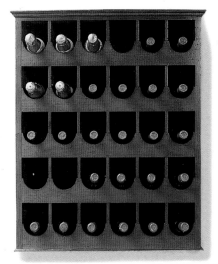

ARMARIO PARA CONDIMENTOS ▷
Según la altura del usuario deberá colgar el armario a una altura entre 1,8-2,2 m. Deje un espacio de 45 cm por lo menos entre los módulos de pared y la encimera.

◁ BOTELLERO
Considere la posibilidad de almacenar los vinos en un botellero de pared para dejar espacio libre en el suelo. No lo instale demasiado cerca del horno, pues los vinos precisan de una temperatura constante de unos 15 °C.

RINCONES

Incluso en las cocinas muy pequeñas, en las que el espacio es precioso, se suelen pasar por alto los rincones donde se unen las encimeras. Este espacio «muerto» puede convertirse en una zona de almacenamiento útil instalando un extraíble bajo la encimera. Otra posibilidad consiste en colocar un mueble giratorio alto en un rincón que ocupe el espacio que queda entre un horno empotrado y una zona de preparación.

MUEBLE GIRATORIO ABIERTO
Las puertas fijas giran con las bandejas alrededor de un pivote.

ÁREA POSTERIOR
Una vez que ha sido extraída la sección delantera, la trasera se desliza hacia el exterior desde el rincón más profundo.

◁ MUEBLE GIRATORIO ALTO
Para no tener que hurgar en un rincón oscuro, las puertas de este módulo giran y se colocan en un segundo plano, ofreciendo acceso al contenido del armario. Los botes, las latas y los envases están ordenadamente dispuestos en cuatro estantes que giran al empujarlos. Con 2 m de altura no hace falta esforzarse para alcanzar el estante superior.

◁△ EXTRAÍBLE EN DOS PARTES
Los fabricantes de muebles de cocina han de crear módulos que encajen en rincones de difícil acceso. En este módulo dividido en dos partes *(izquierda y arriba)*, los alimentos no perecederos de uso frecuente como la pasta se guardan en la parte delantera *(izquierda)*, mientras que los artículos conservados a granel ocupan la parte posterior y sólo son accesibles cuando el módulo delantero ha girado hacia un lado *(arriba)*.

PREPARACIÓN DE LOS ALIMENTOS

PARA QUE COCINAR sea una tarea agradable, la zona de preparación requiere un espacio amplio, una encimera resistente y una buena ubicación. Asegúrese de que los alimentos y los accesorios estén a mano y de que pueda moverse hasta los fogones y el fregadero con facilidad. Elegir un espacio con vistas al exterior, con luz natural o en el que pueda charlar aún hará más placentera la labor.

SOLUCIONES EMPOTRADAS

Preparar los alimentos en un módulo fijo o frente a una pared es una manera eficaz de maximizar el espacio limitado de una cocina pequeña; aunque el cocinero queda aislado por dar la espalda a los demás. El rendimiento será mayor si dispone de todo el equipo de preparación, como los cuchillos, junto a la zona de actividad. Si las encimeras fueran especialmente anchas, considere la posibilidad de instalar un armario para pequeños electrodomésticos en la parte posterior y tener así el equipo a mano.

△ TABLAS DE CORTAR INDIVIDUALES
Utilice tablas individuales para picar ajos o preparar pescado, ya que su olor intenso puede penetrar en la madera. Una vez completada la tarea, lave la tabla con agua y detergente. Tenga varias tablas de tamaños diversos para los diferentes alimentos.

◁ ARMARIO DE PEQUEÑOS ELECTRODOMÉSTICOS
Es una buena solución para guardar pequeños electrodomésticos pesados, como picadoras de carne. Cuando se necesitan se deslizan hacia fuera sin tener que levantarlos.

CONTENEDOR CERRADO
El equipo está guardado y no ocupa espacio en la encimera. Es un elemento útil en una cocina pequeña.

RECUERDE

■ Picar es la actividad principal en la preparación de alimentos, y para ello es esencial disponer de una buena superficie; por ejemplo, una tabla empotrada de cantos de madera encolados.

■ Para lavar los alimentos frescos, la zona de preparación ha de estar cerca del fregadero; instalar un fregadero pequeño para verduras en la encimera evita desplazamientos a través de la cocina (*véanse pp. 58-59*).

■ Junto a la zona de preparación ha de haber espacio suficiente para depositar los ingredientes sacados del frigorífico o la despensa.

■ Recuerde que la superficie que está junto a los fogones debe ser ignífuga y resistente al calor, para que al apoyar ollas calientes no se estropee.

PERSIANA ENROLLABLE
La persiana ahorra espacio, pues no se abre hacia fuera como una puerta.

ENCHUFE OCULTO
Los enchufes dentro del armario de pequeños electrodomésticos permiten que siempre estén conectados, listos para usar.

PROVISIONES A LA VISTA
Un bonito despliegue de especias y legumbres en botes y cajones transparentes.

▽ ZONA DE PREPARACIÓN MÍNIMA
Una pequeña zona de trabajo proporciona espacio suficiente para guardar cuchillos, condimentos y especias al alcance de la mano.

TABLA DE PICAR
Hecha de cantos de madera encolados, la tabla está situada a la altura ideal (arriba, derecha); los cuchillos afilados encajan en unas ranuras.

RANURAS PARA CUCHILLOS
Este sistema protege tanto a los cuchillos como al usuario, pues el filo puede estropearse al guardarlo en un cajón junto a otros utensilios.

TABLA ABATIBLE
Evita el desgaste de la encimera y es de fácil acceso.

CENTROS DE PREPARACIÓN EXENTOS

Una isla o mesa de trabajo central proporciona un área independiente para la preparación de alimentos. Estos elementos exentos *(derecha y abajo)* permiten que el cocinero se comunique visualmente con los demás mientras trabaja. En cuanto a la distribución, se crea un foco central y una conexión entre los elementos adosados a las paredes, en especial en las cocinas amplias. Las islas deben situarse cerca de los armarios, del fregadero y de los fogones.

COLGADOR
Los aceites, ajos y enseres de cocina están al alcance desde la zona de preparación.

ALTURA DE LA ENCIMERA

5-10 cm debajo del codo flexionado para la preparación de alimentos.

17-25 cm debajo de la altura del codo para los accesorios pequeños.

La altura ideal está fijada por la actividad en cuestión.

GRAN MESA DE TRABAJO ▷
Apropiada para cocinas donde un módulo compacto estrecharía el espacio. Se puede comprar como un mueble suelto y a veces tiene un estante debajo de la encimera para guardar cacerolas y sartenes.

FOGONES
Se sitúan a 15 cm por debajo de la encimera para poder ver el interior de las cazuelas. La encimera que los rodea es de acero inoxidable y resistente al calor, y permite depositar objetos pesados.

ENCIMERA DE SERVICIO
Esta superficie situada entre los fogones y la mesa de la cocina permite dejar platos y comida mientras no se utiliza. La vajilla puede guardarse en el armario inferior.

◁ ISLA CENTRAL
Una isla permite concentrar las actividades principales en una zona pequeña, evitando que el cocinero pierda tiempo y energía desplazándose por la cocina. La isla está dividida en zonas para diferentes actividades, que determinan la altura de la encimera, el tamaño y el acabado de cada zona.

ENCIMERA BAJA
Resulta ideal para las tareas que requieren cierto esfuerzo, como amasar, ya que se puede ejercer presión contra esta losa de mármol.

LIMPIAR Y ELIMINAR LOS RESTOS

EN UNA COCINA bien planificada, la higiene de los alimentos y la organización de la basura resulta esencial. Piense en un fregadero con dos pilas donde poder lavar pescados, carne, verduras y frutas sin interrumpir otras actividades culinarias que requieran agua, como el llenado de cacerolas. Planifique sitios adecuados para depositar desechos orgánicos debajo de las zonas de preparación y contenedores para las botellas y latas, alejados de los principales centros de actividad.

SOLUCIONES PARA LIMPIAR LOS ALIMENTOS

En las cocinas amplias, donde la distancia entre las zonas de actividad es mayor, puede ser útil, cerca de la zona de preparación, un segundo fregadero donde limpiar los alimentos. Otra posibilidad es pensar en un fregadero doble, en el que los alimentos se limpian a un lado y, al otro, las cacerolas, los enseres y la vajilla.

ZÓCALO
Un zócalo alto y de acero inoxidable protege la pared de salpicaduras.

△ **FREGADERO PEQUEÑO**
Opte por un fregadero de encimera lo suficientemente amplio para que resulte útil y colóquelo cerca del borde para no tener que inclinarse sobre la encimera. Asegúrese de que esté bien aislado para que no haya filtraciones en los armarios inferiores.

CABEZAL EXTRAÍBLE
Un cepillo extraíble para limpiar ingredientes frescos va unido al grifo por un tubo flexible.

◁ **FREGADERO DOBLE**
Permite el acceso a dos personas que realizan tareas diferentes. Como su uso es intensivo, está hecho de un material duradero, inoxidable y resistente al agua, como el acero.

DOBLE SENO
Use uno para limpiar ingredientes y el otro para lavar cacerolas y platos sucios.

PANEL DELANTERO
Este panel de acero inoxidable evita que gotee agua sobre el armario inferior de madera.

FREGADERO MULTIUSO ▽
Un fregadero profundo y bien diseñado puede resultar más práctico que un módulo doble con dos fregaderos pequeños. En uno grande caben fuentes para el horno y cacerolas, mientras que un colador, un escurridor y una tabla de picar pueden encajar en él, dividiendo el espacio interior según la necesidad del momento.

ELIMINACIÓN DE DESECHOS
Eche los restos de comida dentro del triturador de desechos empotrado bajo el desagüe.

GRIFO MONOMANDO
Desplace el grifo hacia la derecha o la izquierda según la tarea que desea realizar.

CESTA COLADOR
Escurra los alimentos limpios en el colador y después reemplácelo por la tabla de picar que guarda debajo.

ESCURRIDOR
El agua se escurre directamente dentro de la pila. Ya no es necesario un escurridor independiente.

RECICLADO DE BASURAS

Los hogares generan enormes cantidades de basuras, gran parte de las cuales pueden clasificarse y almacenarse para su reciclado. Antes de distribuir el espacio para el reciclado tenga en cuenta cómo es recogido posteriormente. Si tiene un jardín, no olvide los restos orgánicos.

CUBOS SIN OLOR
Lave botellas y latas para evitar los malos olores.

◁ **CUBOS APILABLES**
Los de plástico ligero son fáciles de apilar; unas tapas abatibles permiten depositar los objetos con facilidad. Utilice un cubo para cada tipo de basura que quiera reciclar. Almacene los cubos fuera de la vista y vacíelos con regularidad.

△ **AGUJERO PARA DESECHOS ORGÁNICOS**
Un agujero en la encimera de madera comunica ésta con el cubo de basura, facilitando la eliminación de desechos orgánicos. Así se mantiene libre la encimera e incluso pueden volcarse los desechos directamente en el recipiente asignado para el compost.

△ **CAJONES DE RECICLADO**
Un cajón extraíble junto al fregadero contiene dos cubos de reciclado. Evite los poco profundos que deben vaciarse con frecuencia. Asegúrese de que resulte fácil sacarlos y que el interior se limpie con un trapo. Para evitar los olores compruebe que el cajón cierra bien.

RECUERDE

■ Para evitar el traslado de restos de comida a través de la cocina, los cubos de restos orgánicos han de estar cerca de la zona de preparación de alimentos.

■ El tamaño de los cubos de basura para los desechos dependerá del número de miembros de la familia. Vaciar un cubo varias veces al día, especialmente si vive en un piso, puede resultar engorroso.

■ Si le desagrada la tarea de separar desechos para reciclar, intente hacerlo sólo con los «limpios»: los periódicos y las botellas de cristal, por ejemplo, se almacenan con facilidad en cubos apilables.

ELIMINACIÓN DE DESECHOS

En pisos o casas pequeños, almacenar para el reciclado tal vez presente dificultades, dado el espacio necesario para separar y guardar los diferentes materiales. Un compresor de desechos no ocupa demasiado y reducirá el volumen de la basura. También puede optarse por una trituradora para desechos orgánicos. Una opción más barata es un cubo estrecho con un pedal.

◁ **COMPRESOR ELÉCTRICO**
Se introduce toda la basura del hogar y se comprime al conectar el aparato. Este pequeño elemento sólo ha de vaciarse una vez a la semana.

FILTRO DE CARBÓN
Reduce los olores cuando la puerta está abierta.

CUBO CON PEDAL ▷
Es un elemento que podemos trasladar a la zona donde estemos trabajando. Por su forma estilizada ocupa menos espacio que otros.

TABLA DE PLÁSTICO
Se convierte en una tabla de picar suplementaria encima del fregadero. Los desechos orgánicos se introducen directamente en la trituradora.

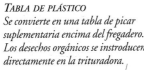

FREGADERO SIN RESTOS
Los restos no embozan el desagüe ya que se introducen directamente en la trituradora.

▽ **ELIMINADOR DE DESECHOS**
Si no piensa reciclar restos orgánicos, considere la posibilidad de un fregadero con una trituradora eléctrica. Desmenuzará los restos de comida y los huesos, convirtiéndolos en una pasta que se eliminará con el chorro de agua. Puede ser ruidoso.

«ESTACIONAMIENTO»
Deposite los elementos limpios aquí antes de prepararlos.

ALIMENTADOR
La trituradora encaja en esta pieza. Se conecta con un enchufe de seguridad.

COCINAS Y EXTRACTORES

PARA QUE COCINAR sea una tarea placentera y eficaz, la ubicación y el tipo de zonas de cocción resultan cruciales. Lo ideal es que la cocina, como mueble, esté orientada hacia el interior de la habitación, tenga un fregadero cerca, un espacio para apoyar cacerolas calientes y, si es posible, un potente extractor. Una luz incorporada a la campana del extractor iluminará los fogones.

RECUERDE

■ Pasamos mucho tiempo ante los fogones, hecho que debemos tener en cuenta al pensar en la distribución de la cocina. Tal vez lo mejor sea situarlos en un mueble central o isla (*véanse pp. 62-63*).

■ No olvidemos las limitaciones que presentan los sistemas de extracción, necesarios para eliminar el vapor y los olores. Funcionan mejor si están en contacto con las paredes exteriores; los fogones instalados en una isla central requieren sistemas de extracción más potentes.

■ Los fabricantes clasifican los extractores según los metros cúbicos de aire que extraen por minuto, por lo que debe calcular el volumen de la cocina para saber cuál elegir.

■ Para su mejor funcionamiento, la placa de cocción ha de ser fácil de limpiar. En la actualidad, muchas rejillas están diseñadas para caber en el lavavajillas. Compruebe que el resto del mueble tenga un diseño sencillo, para que la grasa no se acumule en los rincones.

■ Evite las rejillas inestables. Si las patas son demasiado cortas o altas, las cacerolas podrían volcarse.

■ Si cocina con frecuencia, asegúrese de que tanto la placa de cocción como las rejillas sean de materiales resistentes; el acero inoxidable y el esmalte vitrificado son muy adecuados.

COCINAS MIXTAS

Una cocina de fogones de gas, halógenos o por inducción encajada en una encimera, y un horno eléctrico empotrado en la pared ofrecen la flexibilidad de los distintos tipos de combustible: la respuesta rápida de la primera y la temperatura constante del segundo. Los modelos de cocinas están cada vez más especializados, los fabricantes presentan elementos sueltos como sistemas de cocción al vapor, planchas o fogones para wok adecuando la cocina a varios modos de cocinar.

PARRILLA INCORPORADA ▽
Un mueble sólido y semiprofesional puede combinar elementos diferentes y adecuados a sus hábitos culinarios. Éste incorpora un potente extractor de superficie, situado entre la parrilla y los cuatro quemadores.

QUEMADORES DE GAS
Unas resistentes rejillas de fundición protegen ambos quemadores.

ESPACIO PARA LAS CAZUELAS
Una superficie de acero inoxidable entre las rejillas evita que las cazuelas grandes se toquen unas a otras.

PARRILLA
Este sistema permite asar alimentos junto a los fogones en vez de hacerlo en el horno.

EXTRACCIÓN INCORPORADA
Un ventilador interior aspira los olores y el vapor.

MANDOS
Estos mandos grandes y cómodos simplifican el control de los fogones.

COCINA VITROCERÁMICA Y COCCIÓN AL VAPOR ▽
Esta cocina reúne dos extractores de superficie, un sistema de cocción al vapor y una parrilla en un espacio muy reducido. Está empotrada en una pieza de granito ignífuga que permite apoyar cazuelas calientes y pesadas.

PLANCHA CUBIERTA
Esta tapa abatible sirve como apoyo cuando la plancha no está en uso.

COCCIÓN AL VAPOR
Si le agrada cocinar al vapor, este accesorio deja espacio libre en los fogones para otras cazuelas.

FOGONES DE VITROCERÁMICA
Equipados con aros halógenos, su versatilidad es comparable con la del gas.

EXTRACTORES LATERALES
La colocación estratégica de los extractores garantiza la eliminación del vapor y los olores.

COCINAS CON CAMPANA EXTRACTORA

En muchas cocinas, la condensación producida por el calor y la humedad suele ser problemática. Para evitar el moho y los desconchados de la pintura, instale un extractor. Si incorpora un ventilador interno, compruebe que su funcionamiento sea silencioso; en caso contrario, infórmese de si el ventilador puede instalarse en el exterior. Si considera que la campana extractora le ocupará demasiado espacio, elija un sistema de extracción de superficie *(abajo izquierda)*.

▽ COCINA DE GAS PARA PROFESIONALES
Muchos prefieren los fogones de gas porque se calientan con rapidez y la temperatura es más fácil de controlar. En el espacio entre los quemadores se han instalado dos apoyos para cacerolas.

COCINA BAJA ▷
La cocina de inducción, comparable a la de gas por su flexibilidad, sólo transmite el calor a la cacerola: la placa de cocción permanece a una temperatura segura y moderada.

CAMPANA EXTRAÍBLE
Si hay varias cacerolas en el fuego, extraiga la campana; en caso contrario, guárdela para que no moleste.

BORDES DE ACERO INOXIDABLE
Los bordes elevados mejoran la seguridad y la higiene, evitando las salpicaduras.

ESTANTES PARA CAZUELAS
Los estantes vistos debajo de la cocina son útiles, pero si no se utilizan la grasa y el polvo se acumulan con rapidez.

CAMPANA EXTRACTORA
Las luces debajo de la campana son necesarias para iluminar los fogones.

ALTURA DE LA CAMPANA
La distancia entre ésta y los fogones resulta crucial para la eficacia del extractor. Siga las instrucciones del fabricante cuidadosamente.

REJILLAS DE EXTRACCIÓN
Montado sobre la pared, este sistema aspira los humos y el vapor antes de que invadan la cocina.

QUEMADORES DE GAS
A diferencia de los eléctricos, que acaban por fundirse, los de gas duran mucho y la llama es fácilmente controlable.

ALTURA DE LOS FOGONES

Al cocinar, ha de ver el interior de las cazuelas.

Los fogones han de estar de 10 a 17 cm por debajo del codo flexionado.

Instale los fogones a una altura inferior a la de las encimeras para protegerlas de las salpicaduras de grasa.

COCINAR CON HORNO

EL COCINERO DE hoy en día puede elegir entre una amplia gama de hornos empotrados y exentos, que ofrecen diversas opciones de cocción. Algunos son industriales y se parecen a los que utilizan los chefs de restaurantes. Antes de tomar una decisión, no se deje seducir por el aspecto y estudie sus cualidades, como el tamaño, si son autolimpiables o cuál es su rendimiento energético.

HORNOS BAJOS

Muchos fabricantes producen cocinas que pueden incorporar uno o dos hornos. Una de las ventajas de los módulos combinados es que las actividades culinarias se centran en una única zona de la cocina. No obstante, si habitualmente hornea o asa, agacharse tal vez le resulte fatigoso. Si la cocina es pequeña, lo mejor es un módulo integrado, pero compruebe que haya espacio para abrir la puerta del horno.

AGA TRADICIONAL ▷
Estas cocinas esmaltadas funcionan con carbón, aceite, gas o electricidad; siempre están calientes y listas para usar.

HORNO EXENTO ▽
Un aparato de construcción sólida y de buena calidad como éste lleva seis fogones de gas, una plancha y dos hornos dobles. Si cocina profesionalmente o son muchos de familia, este horno puede ser una inversión rentable.

ZÓCALO DE ACERO INOXIDABLE
Protege las paredes de la cocina de las salpicaduras de grasa.

MANDOS SENCILLOS
Estos mandos manipulables y las puertas abatibles facilitan la utilización.

ACERO INOXIDABLE
Un acabado de acero inoxidable pulido es duradero y mejora con el tiempo.

LADOS PLANOS
Si no desea colocarlo suelto, encaja a la perfección con otros muebles.

VENTILACIÓN DE LA PUERTA
Unos orificios evitan que el exterior de las puertas se caliente en exceso.

PUERTA TRANSPARENTE
Una pieza de cristal permite ver los alimentos sin abrir la puerta.

CAJÓN INFERIOR
Permite guardar las bandejas del horno cuando no se utilizan.

△ **HORNO Y COCINA INDIVIDUAL**
Un aparato compacto para los que no disponen de espacio donde instalar un horno empotrado a la altura de los ojos.

CUATRO PATAS
Estas patas cortas permiten limpiar cómodamente debajo del horno.

HORNOS A NIVEL DE LOS OJOS

Son más fáciles y seguros de utilizar que los bajos gracias a su sencilla puerta abatible. Permiten introducir las bandejas sin el esfuerzo que supone agacharse y también observar los alimentos a medida que se cuecen. Si disfruta cocinando para muchas personas, puede ser útil un segundo horno para calentar platos, asar a la parrilla o cocinar con microondas.

ALTURA DEL HORNO

Los platos deben introducirse a la altura del pecho.

Tanto si instala un horno único, o dos juntos en un solo módulo, colóquelos entre la altura de los ojos y la cintura para facilitar su uso.

HORNO DE VAPOR COMBINADO ▷
Para los que prefieren técnicas de cocción sanas y libres de grasas, un horno de vapor es la olla a presión moderna. Al cocinar alimentos frescos como verduras y pescados al vapor, evitará que se sequen. Combine un horno a vapor con uno eléctrico multifuncional para abarcar todas las posibilidades.

PUERTA DESLIZANTE
Un sencillo movimiento desliza la puerta que oculta el sistema de cocción al vapor.

HORNO DE VAPOR
Aunque resulta caro, tal vez este tipo de horno se ajuste a sus hábitos culinarios.

SEGUNDO HORNO
Para un uso intensivo, elija un modelo con ventilador que también sirve como parrilla y microondas.

ESPACIO INFERIOR
Los hornos están instalados a la altura óptima para el usuario, dejando espacio para el almacenamiento en el módulo inferior.

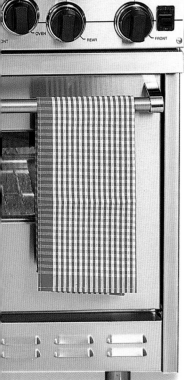

◁ HORNOS DOBLES
Para los cocineros entusiastas que disfrutan cocinando, un horno doble combinado con una cocina montada sobre una encimera quizá sea la mejor solución. Elija un aparato sólido con mandos fáciles de utilizar y puertas abatibles, que servirán para apoyar los platos calientes que se introducen o sacan del horno.

MICROONDAS Y HORNO ▷
Para las personas ocupadas, un microondas y un horno eléctrico podrían ser la combinación más útil. Si cocinar no es prioritario, instale en lugar de un horno, un lavavajillas en el módulo debajo del microondas para no perder tiempo fregando *(véase Plano de una cocina familiar pp. 70-71).*

COMER

SALVO QUE SU cocina sea excepcionalmente pequeña, intente incorporar una mesa de comedor, ya que es fundamental para crear un ambiente agradable donde reunir a familiares y amigos. La mesa debería ocupar, pues, el sitio más cómodo de la cocina y disponer de la mayor cantidad de luz natural o de vistas al exterior.

△ **MESA PARA UN RINCÓN INCÓMODO**
Una mesa triangular a medida es una buena solución para un rincón incómodo. Su forma permite que dos comensales se sienten con comodidad sin que se llene la mesa.

MESAS INCORPORADAS

Con una planificación cuidadosa, suele ser posible instalar una mesa pequeña para tomar el desayuno o una cena ligera, incluso en las cocinas más pequeñas. También funciona como encimera auxiliar y sirve para apoyar cacerolas.

MESA Y SILLAS PLEGABLES ▷
Una mesa abatible puede ser una solución barata para los que desean comer en la cocina pero no disponen de espacio para tener una permanente. Sin embargo, a veces resultan inestables e incómodas.

TAMAÑO DE LA MESA
Como mínimo, debe haber 30 cm de espacio para cada comensal.

SUPERFICIE LAMINADA
Ideal para niños, esta superficie es fácil de limpiar pero puede rayarse.

SILLAS DE BAJO MANTENIMIENTO
Elija unas sillas duras, que pueden limpiarse con un trapo, en vez de unas tapizadas.

SILLAS PLEGABLES
Estas ligeras sillas pueden plegarse cuando no se utilizan.

BARRA AMERICANA ▽
Rodeando la isla central, una barra tipo bar, de granito, proporciona una mesa espaciosa en forma de herradura para comidas informales.

BARRA ELEVADA
Más elevada que la zona de cocción, oculta cualquier desorden existente.

ESPACIO PARA LAS PIERNAS
Un buen diseño deja espacio para las piernas.

ENCIMERA DE GRANITO
Una superficie duradera que no se quema ni se mancha.

TABURETES
Para mayor comodidad, opte por taburetes tapizados con respaldo y un lugar donde apoyar los pies.

RECUERDE

■ El espacio destinado a la mesa de cocina suele ser el que sobra una vez instalados todos los demás elementos. Al iniciar el proyecto ha de tener en cuenta la posición de la mesa.

■ La ubicación de la mesa es muy importante. Observe de dónde procede la luz natural y asegúrese de que no esté expuesta a corrientes de aire ni al frío, especialmente en invierno.

■ Intente instalar un armario cerca de la mesa para colocar la vajilla, manteles, copas, cubiertos y otros enseres.

■ Si tiene niños, la mesa de la cocina se convertirá en el lugar donde hacer los deberes, pintar y realizar otras actividades. Si opta por una de madera, elíjala con un acabado encerado en lugar de barnizado: será mucho más resistente.

MESAS SUELTAS

Para los que prefieren comer en el ambiente relajado de la cocina, la forma y el tamaño de la mesa resultan cruciales. No olvide que las mesas de cocina pueden ser redondas, ovaladas o rectangulares y que cada forma determina la relación de las personas entre sí. También ha de tener en cuenta su tamaño, porque aunque la cocina sea amplia, una mesa grande tal vez no encaje con el ambiente que desee crear o con la frecuencia con la que tiene invitados.

MESA REDONDA ▷

Útil para llenar un espacio cuadrado en una cocina, las mesas redondas pequeñas proporcionan un ambiente íntimo e igualitario para cuatro personas, ya que nadie ocupa la cabecera. Las mesas redondas y grandes son menos adecuadas, pues su gran diámetro obliga a levantar la voz para ser oído.

MESA PARA CUATRO
En una mesa de un poco más de 1 m de diámetro caben cómodamente cuatro.

ESPACIO

Cada cubierto ocupa 30 cm de profundidad.

Para comer cómodamente cada comensal debe disponer de 55 cm de anchura, más 5 cm suplementarios a cada lado para desplazar la silla.

MESA OVALADA ▽

La forma ovalada tal vez sea la más adecuada para agrupar a seis personas, ya que todas podrán establecer contacto visual. La amplitud del espacio central impide que la mesa se llene.

PATAS INTERIORES
Las patas delgadas permiten dos sillas en los extremos y que se sienten ocho personas.

ASIENTOS
Si desea aprovechar más el espacio, coloque un banco junto a la pared en lugar de sillas.

TAMAÑO DE LA MESA
Este óvalo mide 1,6 m de largo por 1,3 m de ancho en el centro.

MESA RECTANGULAR ▽

Para familias numerosas o con invitados frecuentes, lo ideal es una mesa grande y rectangular en la que quepan hasta diez personas. En este caso, comer es una actividad comunal, pero una mesa de este tamaño precisa mucho espacio en la cocina.

MESA LARGA
De al menos 2 m de largo, la gran distancia entre los extremos puede dividir a los huéspedes en dos grupos.

FREGAR

LA ZONA DONDE se friega tiene un uso mucho más intenso que las otras zonas de actividad, por lo que ha de estudiar atentamente su disposición. Hay diversos aspectos ergonómicos que debería tener en cuenta: la altura del fregadero, la profundidad de la pila, el espacio destinado al escurridero, la proximidad de los lugares de almacenamiento de la vajilla y los cubiertos, y su ubicación.

RECUERDE

■ Intente que la distancia entre el fregadero, los fogones y las encimeras sea mínimo, ya que la preparación y la cocción suponen un lavado constante de los utensilios.

■ Estudie las diversas tareas que desea realizar delante del fregadero antes de decidir si lo más adecuado a sus necesidades es un seno grande o dos o tres más pequeños. ¿Lo destinará únicamente al lavado de cazuelas y bandejas de horno o también al de la vajilla y las copas?

■ Coloque el módulo del fregadero de manera que haya espacio suficiente a ambos lados para los escurridores y con una orientación agradable, como con vistas al jardín.

■ Si piensa comprar un lavavajillas, piense en instalarlo a cierta altura para evitar agacharse cada vez que lo carga.

FREGAR A MANO

El fregadero debe adaptarse a sus necesidades. Si cocina para una familia numerosa de manera regular, opte por un fregadero con escurridores largos, amplio para lavar cacerolas, bandejas del horno y tablas de cortar grandes. Un módulo más compacto será adecuado para los que friegan los platos de una o dos comidas ligeras al día.

ESTANTE SUPERIOR ELEVADO
Aunque son difíciles de alcanzar, los artículos usados con menor frecuencia pueden guardarse aquí.

ALMACENAR LA VAJILLA
Los armarios acristalados y el escurridor de platos permiten guardar las piezas al alcance de la mano.

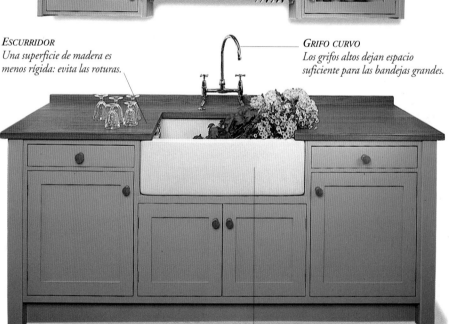

ESCURRIDOR
Una superficie de madera es menos rígida: evita las roturas.

GRIFO CURVO
Los grifos altos dejan espacio suficiente para las bandejas grandes.

ALTURA DEL FREGADERO

Evite los senos profundos: su espalda se lo agradecerá.

La altura ideal del borde del fregadero es de 5 cm por debajo del codo flexionado. Puede ser un poco más alto que la cintura si lo utiliza ocasionalmente; pero no tendrá que inclinarse sobre él.

PORCELANA
Ofrece una superficie resistente a las manchas y el calor.

FREGADERO «BELFAST» △
Este antiguo diseño tiene la ventaja de ser ancho, profundo y sólido. Se instala sin estructura; la porcelana se ve y el fregadero está muy cerca. Para que funcione como un fregadero doble donde lavar y enjuagar, coloque un pequeño recipiente de plástico dentro del fregadero de porcelana.

MÓDULO DE FREGADERO EN ÁNGULO ▷
En una cocina pequeña, un módulo en forma de cuña con una zona compacta para el escurridor deja más espacio para la encimera.

Lavavajillas

Estudie varios modelos y compare la fiabilidad y la durabilidad de los aparatos. Elija un modelo con detalles útiles, como un gran rendimiento energético, bajo nivel de ruido, dos brazos giratorios para un lavado profundo, sensores antiinundación y cestas practicables de diversos tamaños para platos y vasos. Tenga en cuenta que existen modelos más pequeños y estrechos.

▽ **ELECTRODOMÉSTICO COMBINADO**
Las cocinas pequeñas se convierten rápidamente en un caos si los platos sin lavar se amontonan sobre las encimeras. Utilice la instalación del fregadero para colocar un lavavajillas debajo de éste sin hacer un gasto excesivo.

FOCOS EMPOTRADOS
Unas luces halógenas empotradas encima del fregadero proporcionan una iluminación potente y evitan las sombras.

REJILLA CUBIERTA
Los platos y las tazas se escurren directamente sobre el fregadero y, una vez secas, se guardan tras una puerta abatible.

ARTÍCULOS DE LIMPIEZA
Colocados en rejillas a la altura de los ojos mantienen despejado el fregadero.

ACERO INOXIDABLE
Los lados altos y un borde ancho que sobresalga evitan que el agua moje el armario y el suelo.

BORDE REDONDEADO
Para mejorar la seguridad y el aspecto, el borde del módulo es redondeado y no en punta.

SUPERFICIE DE GRANITO
Una encimera de granito proporciona una superficie duradera y resistente a las manchas.

INTERIOR DEL LAVAVAJILLAS
Los de acero inoxidable son más resistentes y menos propensos a mancharse.

APERTURA DE LA PUERTA
Si la cocina es estrecha, asegúrese de que hay espacio para pasar cuando la puerta esté abierta.

ALMACENAR LOS UTENSILIOS

ALMACENAR DE UNA forma práctica la cristalería, la vajilla
y los artículos de cocina depende de su buena organización; los
artículos de uso frecuente han de colocarse a mano, entre la altura
de los ojos y la de las rodillas, cerca de donde son necesarios.
Gran parte de estos utensilios se sacan, lavan y vuelven
a guardarse varias veces al día. Si están cerca del fregadero
o del lavavajillas se evitará desplazamientos por la cocina.

ALMACENAMIENTO OCULTO

Los utensilios de cocina a la vista, si no se
utilizan cada día, pronto se cubren de polvo
y grasa. Para evitar una limpieza suplementaria
o si prefiere una encimera despejada, colóquelos
tras una puerta cerrada. Ordene el espacio
interior de manera que los artículos de uso
frecuente estén delante y evite los sistemas
de almacenamiento con estantes profundos.

GRANDES CUENCOS A LA VISTA
Añaden encanto a la cocina,
pero hay que limpiarlos
regularmente.

PROFUNDIDAD

*Guarde los
artículos de
uso diario
entre la altura
de las rodillas
y de los ojos.*

Para evitar estirarse, la
profundidad de los estantes no
debe superar los 60 cm. Si son
más profundos, resultará difícil
llegar hasta el fondo.

ARMARIO ANTIGUO ▷
Un armario alacena del
siglo XIX con cuatro
puertas y dos cajones
permite un
almacenamiento atractivo
y práctico. Un armario
grande apoyado contra una
pared de la cocina tiene
mayor capacidad para
almacenar que una serie de
módulos empotrados altos
y bajos que ocupen el
mismo espacio.

ALTURA DEL ARMARIO
El estante superior está
al alcance de la mano, ya que
la altura total del armario
sólo es de 1,9 m.

△ UTENSILIOS BAJO LOS FOGONES
Un cajón poco profundo debajo de la cocina está dividido
en nueve compartimentos delanteros y nueve traseros para
mantener los cubiertos ordenados. Cada compartimento
tiene la base curva para poder extraerlos con facilidad.

*CAJÓN PARA
CUBIERTOS
Almacene los
cubiertos en
compartimentos
separados para
mantenerlos en
buenas
condiciones
y afilados.*

△ ALMACENAR CAZUELAS
Al igual que otros enseres, las cazuelas deben almacenarse
cerca de la zona de actividad. Si prefiere que estén
guardadas, una opción consiste en colocar un cajón
profundo debajo de la cocina, con guías extensibles.

*CAJÓN PARA
CACEROLAS
Un acabado
laminado asegura
un interior
resistente.*

RECUERDE

■ Pregúntese si el sistema para almacenar que usted prefiere es adecuado a sus necesidades. Si no cree que su equipo de cocina es suficientemente atractivo para exhibirlo, elija armarios cerrados.

■ Asegúrese de que el contenedor que elija tiene estantes de altura variable para albergar piezas de la vajilla, cristalería, cazuelas y pequeños electrodomésticos.

ALMACENAR A LA VISTA

Las cocinas tienen más ambiente cuando las cazuelas, las sartenes y otros artículos similares están a la vista. Los sistemas para almacenar a la vista más atractivos, ya sean tradicionales o modernos, son aquellos en los que prevalece un sentido del orden y los aspectos prácticos y estéticos están bien equilibrados. Por ejemplo: los platos que ocupan una posición vertical *(abajo)* no sólo quedan bonitos sino que acumulan menos polvo.

MADERA TALLADA
Cuidar los detalles puede convertir la cocina en una habitación tan bien amueblada como cualquier otra.

ANCHURA DE LA PUERTA
Las puertas de 60 cm de ancho no molestan cuando están abiertas.

CAJONES ESPACIOSOS
Guarde cuberterías, individuales, folletos de instrucciones y recetas en estos amplios cajones.

ALMACENAR SIN POLVO
La vajilla almacenada detrás de puertas cerradas es menos susceptible al polvo y al humo con grasa de la cocina.

ESTANTERÍA PARA CAZUELAS ▷
Si hubiera un rincón incómodo cerca de la cocina, una estantería resultaría un elemento útil, pero tenga cuidado: si es muy alta puede ser inestable.

TAMAÑO DE LAS CAZUELAS
Ponga las más grandes y pesadas abajo.

◁ *APARADOR TRADICIONAL*
Un aparador antiguo, con estantes vistos, ganchos, cajones y armarios, proporciona una manera decorativa y práctica para guardar y exhibir tazas, platos, cuberterías y copas.

GANCHOS PARA TAZAS
Cuelgue las tazas del borde delantero de los estantes para que no ocupen lugar.

ESPACIO EN LOS ARMARIOS
Almacene los objetos menos decorativos y útiles en los estantes detrás de las puertas.

▽ *ARMARIO ACRISTALADO*
Un armario alto y empotrado para exhibir los objetos decorativos y guardar los más prácticos en el mismo módulo. Instálelo en una pared que relacione las zonas de la cocina y del comedor.

COMPARTIMENTOS INDIVIDUALES
Un espacio individual para cada objeto aumenta la sensación de orden.

CAJONES EXTRAÍBLES
Un cristal semitransparente evita la tiranía del orden.

PUERTA CORREDERA DE CRISTAL
Una buena solución, porque incluso cuando la puerta esté cerrada hallará cualquier objeto.

ENCIMERAS

EN LAS COCINAS bien diseñadas, cada encimera está hecha de un material diferente, que cambia según la actividad de cada zona. La elección del material depende de la tarea que debe realizar, ya que no existe una superficie resistente a las rayaduras, las manchas y el calor que sea duradera, fácil de limpiar y decorativa. Antes de elegir, compare las características de cada superficie.

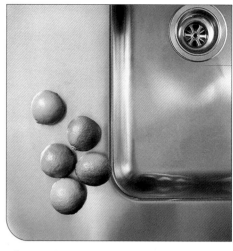

TEMAS DE REFLEXIÓN

■ Revista la zona que rodea la cocina con terrazo, granito o acero inoxidable. Los tres son ignífugos, resistentes y de fácil mantenimiento. No obstante, si no piensa quedarse mucho tiempo en esa casa, tal vez no le convenga el elevado coste de estos materiales.

■ Los materiales más adecuados para los escurridores son los resistentes al agua y que proporcionan una superficie menos dura para la vajilla y la cristalería delicada. El acero inoxidable, la madera maciza encerada, el Colorcore y el Corian son materiales adecuados.

■ Para cortar, picar y preparar alimentos lo más adecuado es una base de madera. Compre una serie de tablas de diferentes tamaños o instale una superficie de madera de cantos encolados. Aunque en una época la madera fue considerada un semillero de bacterias, hoy en día se sabe que es higiénica.

■ El granito o la pizarra son superficies adecuadas para amasar porque son frías y lisas, y evitan que la masa se adhiera.

■ La madera maciza encerada es una superficie atractiva y fácil de reparar.

ACERO INOXIDABLE

Un material para encimeras casi perfecto, utilizado en cocinas profesionales donde el resultado del trabajo es importante. Se recomienda un acabado pulido.

VENTAJAS
• Es un material inoxidable e ignífugo.
• Se limpia con un trapo y es muy higiénico.
• El acero inoxidable pulido es muy resistente.

DESVENTAJAS
• Las superficies muy pulidas se rayan con mucha facilidad.
• Es una superficie de trabajo ruidosa.
• Difícil de fabricar con formas curvas.

GRANITO

Un material natural, disponible en una amplia gama de colores y dibujos. Se corta a medida y se pule para fabricar encimeras.

VENTAJAS
• Su belleza natural no se deteriora con los años.
• Es casi imposible rayarlo o astillarlo.
• Ignífugo, impermeable y difícil de manchar.

DESVENTAJAS
• Caro, porque es difícil de cortar a máquina.
• Su peso requiere armarios inferiores resistentes.
• Los colores oscuros pueden parecer fríos y sombríos.

PIZARRA

Muchas variedades son demasiado porosas para usar en la cocina, pero algunas tienen un elevado contenido de sílice que reduce su porosidad.

VENTAJAS
• La superficie es lisa, fresca y agradable al tacto.
• Duradera si el contenido en sílice es elevado.
• Una opción más barata que el granito o el mármol.

DESVENTAJAS
• Las variedades porosas absorben aceite y se manchan.
• Es necesario darles un acabado para reducir su porosidad.
• Los colores pueden ser apagados y poco interesantes.

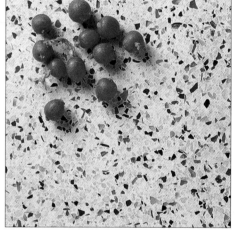

TERRAZO

Un material menos conocido, hecho de virutas de mármol y granito mezcladas con cemento blanco y pulido.

VENTAJAS
• Se encuentra en una gran variedad de colores y dibujos.
• Se puede realizar con especificaciones exactas.
• Resistente e impermeable.

DESVENTAJAS
• Su colocación es cara y lenta.
• Su resistencia es menor que la de las piedras naturales.
• Los modelos más atrevidos pueden llegar a cansar.

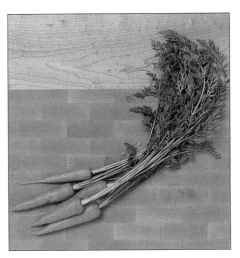

MADERA MACIZA BARNIZADA

La belleza de la madera la convierte en una opción tremendamente popular. Se aplican varias capas de barniz por encima y por debajo.

VENTAJAS
• Se halla en una amplia gama de colores y tipos de vetas.
• Las encimeras pueden tener el mismo acabado que los muebles.
• El precio es razonable.

DESVENTAJAS
• Algunos líquidos derramados llegan a disolver el barniz.
• El corte de los cuchillos estropea la superficie.
• Menos resistente que los demás acabados de madera.

MADERA DE CANTOS ENCOLADOS

Se trata de un tablero formado por cantos de listones de madera colocados en vertical y encolados entre sí. Proporciona la mejor superficie para cortar.

VENTAJAS
• Muy resistente, aunque incida en el sentido de la veta.
• Los cortes no estropean el material.
• El filo del cuchillo no se desliza al cortar.

DESVENTAJAS
• El calor de la calefacción puede deformar la encimera.
• Absorbe los olores fuertes, como el del ajo.
• La madera puede contraerse en los hogares con calefacción central.

MADERA ENCERADA

Planchas de madera dura y maciza encoladas entre sí y enceradas o protegidas con un poco de aceite de linaza para evitar que la madera se reseque.

VENTAJAS
• Más resistente al calor que la madera barnizada.
• Superficie flexible resistente a los golpes.
• Recupera la belleza con un lijado y una capa de aceite.

DESVENTAJAS
• La calefacción central puede partirla y deformarla.
• Picar sobre esta superficie puede causar cortes profundos.
• Algunas son caras.

FORMICA

Un material artificial con un núcleo de papel, al que se aplican sucesivas capas de barniz espeso para crear planchas de un material flexible.

VENTAJAS
• Gran selección de vistosos colores y dibujos.
• Impermeable y fácil de limpiar con un trapo.
• Su fabricación es sencilla y barata.

DESVENTAJAS
• Cortar directamente sobre la superficie la estropea.
• Con el tiempo, el laminado puede deteriorarse.
• Una vez estropeada, la encimera no tiene arreglo.

COLORCORE

Este material está fabricado con capas sucesivas de papel de color recubiertos de una resistente resina de melamina-formaldehído.

VENTAJAS
• Los cortes en las encimeras se eliminan con papel de lija.
• Existe en una extensa gama de colores.
• Impermeable y fácil de limpiar con un trapo.

DESVENTAJAS
• Más caro que la formica.
• Las esquinas pueden despegarse.
• La superficie no refleja la luz.

CORIAN

Una resina sintética muy apta para colocar alrededor de las zonas de uso intenso, como el fregadero, donde es posible unirla a la encimera.

VENTAJAS
• Los bordes delanteros redondeados son más seguros.
• Las uniones entre diferentes piezas son invisibles.
• Los fregaderos y las encimeras se fabrican en una pieza.

DESVENTAJAS
• Difícil de instalar sin ayuda profesional.
• Con el tiempo, los colores más pálidos adquieren un tono amarillento.
• Puede resultar tan caro como el granito.

ACABADOS DE ARMARIOS

UNA VEZ DECIDIDO el tipo de mueble que desea instalar en su nueva cocina, piense en el acabado. Aunque pueda parecer un simple detalle, la elección de los acabados de los armarios es la decisión más importante para definir el ambiente de la estancia. Tenga en cuenta que los diferentes acabados afectan a la calidad de la luz. Los que son muy satinados aumentan el reflejo y deslumbran, mientras que los mate son más agradables y difuminan la luz. Los módulos de color pálido y los armarios acristalados alegran las cocinas oscuras, mientras que la madera y los acabados sintéticos oscuros absorben la luz.

COMBINACIÓN DE ACABADOS
En este diseño, la madera de cerezo contrasta con una lacada de color azul profundo aplicado con pistola.

TEMAS DE REFLEXIÓN

■ Cuando haya decidido la distribución del espacio, elija el acabado de los muebles al mismo tiempo que el pavimento, el revestimiento, la iluminación y las encimeras.

■ El equilibrio entre colores y acabados es básico. Un único acabado suele abrumar y algunos, como el poliéster muy brillante y los barnices de colores vivos, son agobiantes. Debe usarlos en pequeñas cantidades y compensados con materiales naturales, como la madera.

■ Plantéese si el diseño de la cocina mejorará con una combinación de acabados en los muebles que diferencie las principales zonas de actividad de la habitación.

■ Enumere sus acabados favoritos por orden de preferencia. Calcule el coste de cada uno de ellos para compararlo con su presupuesto. Si limita los acabados caros a algunas zonas clave y los combina con otros materiales evitará que se dispare el presupuesto.

■ Elija materiales resistentes para los muebles de las zonas de uso intensivo y, si hay mucho movimiento en la cocina y tiene niños, elija acabados resistentes para los armarios inferiores.

■ Si no puede permitirse la compra de muebles nuevos, actualice los existentes reemplazando o volviendo a pintar las puertas y cambiando a su gusto el estilo de los tiradores.

CRISTAL
Los armarios superiores acristalados resultan útiles en las cocinas pequeñas, ya que dan mayor sensación de espacio y permiten exponer objetos decorativos.

VENTAJAS
• La superficie es fácil de limpiar con un paño suave.
• Los artículos almacenados son visibles y fáciles de encontrar.
• Como reflejan la luz, alegran las cocinas oscuras.

DESVENTAJAS
• Las manchas de suciedad y grasa se ven fácilmente.
• Sólo se guardan, de forma ordenada, objetos bonitos.
• Son susceptibles a los golpes y pueden quebrarse.

ACERO INOXIDABLE
Superficie que proporciona un acabado metálico resistente, que no se oxida ni se mancha, indicada junto a fregaderos y placas de cocción.

VENTAJAS
• El brillo superficial refleja la luz.
• Contrasta con la madera y las superficies pintadas.
• Combina con los electrodomésticos acabados en acero inoxidable.

DESVENTAJAS
• Se notan marcas de dedos y manchas de agua.
• Fácil de rayar, especialmente los acabados pulidos.
• Un exceso de acero inoxidable aparenta frialdad.

MADERA CONTRACHAPADA

Las maderas de gran calidad se cortan en láminas o chapas. Los tableros contrachapados son, pues, la mejor elección para los que deseen una cocina de madera.

VENTAJAS
• El color y la textura resultan agradables.
• A diferencia de las maderas macizas, se puede jugar con el veteado.
• La madera contrachapada no se deforma; la maciza, sí.

DESVENTAJAS
• Si penetra humedad, pueden despegarse las láminas.
• El color y el tono uniforme quizá sean monótonos.
• Los contrachapados de buena calidad suelen ser caros.

MADERA PINTADA A MANO

En contraste con los acabados sintéticos lisos, estos armarios se pintan a mano y se decapan posteriormente para darles un poco más de carácter.

VENTAJAS
• Posibilidad de elegir el color a juego con el proyecto.
• Los armarios estropeados pueden volverse a pintar.
• La diferencia del acabado entre un armario y otro añade encanto.

DESVENTAJAS
• Requiere varias capas de barniz para protegerlos.
• No es tan resistente como otros acabados.
• Con el tiempo, puede tener que volver a pintarlos.

TELA DE GALLINERO

Un acabado poco habitual que parece meramente decorativo; sin embargo, los artículos almacenados permanecen ventilados y protegidos del polvo.

VENTAJAS
• La tela de gallinero permite la circulación interior del aire.
• Es muy decorativa y de aspecto rústico.
• Es barata y fácil de construir sin ayuda profesional.

DESVENTAJAS
• El polvo puede acumularse en la tela.
• Su aspecto lo limita a un único estilo de cocina.
• El alambre puede deformarse.

POLIÉSTER

Son pocos los fabricantes que producen esta resina sintética. Se aplica con pistola en capas gruesas y se obtiene un acabado muy brillante.

VENTAJAS
• Hay numerosos acabados lisos y muy brillantes.
• Es resistente y fácil de limpiar.
• Disponible en una amplia gama de llamativos colores.

DESVENTAJAS
• La marca de grasa destaca sobre la superficie brillante.
• Es más caro que otros acabados sintéticos.
• El brillo del acabado puede resultar molesto.

LAMINADO

Un material económico consistente en láminas plastificadas hechas de melamina que se pegan sobre los tableros de las puertas.

VENTAJAS
• Los colores y los motivos son ilimitados.
• Es más económico que otros acabados sintéticos.
• Resistente a los golpes.

DESVENTAJAS
• Una vez rayado, el acabado no tiene arreglo.
• Poco reflectante y de aspecto artificial.
• Si se humedecen, los laminados pueden despegarse por las esquinas.

LACADO CON PISTOLA

Se aplica una laca transparente sobre la superficie de un armario pintado o teñido para darle un acabado de protección.

VENTAJAS
• Acabado protector resistente.
• Fácil de limpiar.
• Generalmente resulta más barato que un acabado de poliéster.

DESVENTAJAS
• Imposible de reparar «in situ».
• Puede tener un aspecto apagado y deslucido.
• Más caro que el laminado.

REVESTIMIENTOS

LA ELECCIÓN DE un revestimiento para una cocina nueva no es sólo una cuestión de estilo. La cocina suele ser la habitación más utilizada de la casa, y las condiciones de calor y humedad afectan incluso a las paredes. Las zonas más susceptibles de ser dañadas son las que están detrás del fregadero, la de cocción, el horno y las encimeras. Las salpicaduras rápidamente deteriorarán el empapelado o la pintura, por lo que deberá colocar una protección hecha con un material fácil de limpiar. Atender a estos detalles le ayudará a crear una cocina agradable.

ACABADO PROTECTOR
La zona de cocción se ha instalado dentro de un nicho que, una vez alicatado, se limpia fácilmente.

TEMAS DE REFLEXIÓN

■ Una vez elegidas las encimeras y los armarios, piense en las paredes. Piense en revestimientos que combinen o contrasten con los acabados de los armarios. Preste mucha atención al zócalo, la zona de la pared que separa la encimera y los armarios superiores.

■ Elija un zócalo que contraste con el material predominante. Por ejemplo, los armarios de madera natural combinan con un zócalo de granito negro.

■ Para el zócalo detrás de la zona de cocción elija un material resistente al calor, como el acero inoxidable, la cerámica o la piedra natural.

■ Si decide pintar las paredes, elija esmalte sintético o pinturas con acabados brillantes, pues son lavables y duraderos. Evite las pinturas al agua, en especial si la ventilación es escasa, ya que no resisten la condensación.

■ Si abundan los acabados plásticos en la cocina, utilice materiales naturales como los zócalos de madera para rehacer el equilibrio.

■ Si la habitación está orientada al norte o tiene un techo bajo, utilice colores pálidos en las paredes para reflejar la luz de las ventanas y crear un ambiente adecuado. Un zócalo de vidrio mateado también contribuye a reflejar la luz sobre las encimeras.

PAREDES DE LA COCINA

PAREDES ENYESADAS

El yeso, que en una época se utilizó para preparar paredes, es ahora un acabado popular; puede ser rugoso, satinado o pulido.

VENTAJAS
• Disimula paredes imperfectas y las convierte en decorativas.
• Es un acabado resistente y barato.
• Añade carácter al lugar.

DESVENTAJAS
• El yeso rugoso atrae el polvo y es difícil de limpiar.
• Puede parecer artificial si no está bien aplicado.
• Requiere un zócalo junto a las encimeras.

ZÓCALOS

CRISTAL DECORATIVO

Poco utilizado en cocinas, las características impermeables e ignífugas del cristal lo convierten en una buena opción para el zócalo.

VENTAJAS
• Útil junto al fregadero y la zona de cocción.
• Fácil de limpiar.
• Refleja la luz y presenta un acabado altamente decorativo.

DESVENTAJAS
• Presenta dificultades de transporte e instalación.
• Al golpearlo con algo duro puede quebrarse.
• Es caro porque se corta a medida.

PINTURA AL ESMALTE SINTÉTICO

Es el revestimiento para cocinas más versátil. Elija los acabados más resistentes, como los mate y los satinados.

VENTAJAS
- Amplia gama de colores con acabados duraderos.
- Las paredes pueden limpiarse con una esponja.
- Es fácil retocar pequeñas superficies o volver a pintar.

DESVENTAJAS
- No es suficientemente resistente para los zócalos.
- La pintura satinada descubre los defectos de las paredes.
- Las paredes pintadas pueden desconcharse o enmohecer.

PAPEL LAVABLE

Los papeles plastificados fáciles de limpiar resultan prácticos, en especial si tiene niños pequeños, pero la gama de colores es limitada.

VENTAJAS
- El papel plastificado impermeable es fácil de limpiar.
- Se puede colocar tras haber instalado los armarios.
- Es barato y disimula las imperfecciones de las paredes.

DESVENTAJAS
- Puede despegarse por la acción del vapor.
- El brillo plastificado de la superficie suele parecer artificial.
- Es imposible reparar una zona, aunque sea pequeña.

PANELES DE MADERA

Son útiles para revestir paredes y techos irregulares. Asimismo aíslan parcialmente del ruido y el calor.

VENTAJAS
- Fáciles de instalar sin la ayuda de un profesional.
- Disimulan irregularidades de las paredes.
- Absorben los ruidos de la cocina.

DESVENTAJAS
- No siempre se pueden comprar paneles de calidad.
- Material inadecuado para fregaderos y zonas de cocción.
- Su aspecto no se ajusta a todos los estilos de cocina.

AZULEJOS INDUSTRIALES

Más baratos que los artesanales, son muy adecuados para revestir grandes superficies de pared, ya sea junto a la zona de cocción o el fregadero.

VENTAJAS
- La superficie lisa, fácil de limpiar, y la junta, fina.
- Ignífugos; son adecuados para las zonas de cocción.
- Los de color pálido que revisten superficies amplias tienen un aspecto neutro.

DESVENTAJAS
- En formas y superficies regulares resultan monótonos.
- Pueden quitarle carácter a la cocina.
- Los colores más oscuros suelen ser menos resistentes.

AZULEJOS ARTESANALES

Se encuentran en una vistosa gama de colores y acabados. Estos resistentes azulejos ofrecen enormes posibilidades para la decoración de una cocina.

VENTAJAS
- Su calidad artesanal añade carácter a la cocina.
- Amplia gama de colores, acabados y tamaños.
- Resistentes e impermeables.

DESVENTAJAS
- Los de forma irregular requieren una junta más ancha.
- La junta atrae suciedad y no es fácil de limpiar.
- Los que tienen motivos pintados pueden llegar a cansar con el tiempo.

GRANITO

Este popular material para cocinas suele utilizarse como zócalo sobre las encimeras de granito. Es más adecuado para superficies pequeñas.

VENTAJAS
- Muy resistente y de bajo mantenimiento.
- Apenas tiene juntas y es fácil de limpiar.
- La continuidad: se unifica con la encimera de granito.

DESVENTAJAS
- Aspecto oscuro y frío, inadecuado para grandes superficies.
- Complicado de colocar alrededor de los enchufes.
- Caro: hay que cortarlo a medida en el taller.

PAVIMENTOS

ANTES DE ELEGIR el suelo de la nueva cocina hay que reflexionar cuidadosamente. Busquemos un difícil equilibrio entre un material resistente e higiénico, las preferencias estéticas y el presupuesto. Los suelos de madera son cálidos, fáciles de barrer y tienen un precio módico, pero a largo plazo son poco duraderos y no resisten la humedad, especialmente alrededor del fregadero; la piedra caliza y la pizarra son resistentes, pero pueden resultar frías y duras al pisar. Los materiales actuales, como el vinilo, también resultan atractivos a pesar de no ser tan duraderos como los naturales.

MADERA

La calidez del color, la variedad de vetas y su agradable tacto, la hacen muy popular, pero debe estar bien impermeabilizada.

VENTAJAS
• De precio razonable y fácil de instalar.
• La porcelana no suele «romperse» al caer sobre madera.
• Se conjunta bien con armarios y encimeras de madera.

DESVENTAJAS
• Cuenta con pocos acabados duraderos, especialmente si se mojan.
• Un exceso de madera resulta agobiante.
• Requiere un mantenimiento continuo.

PAVIMENTO DE MADERA BARNIZADA
La madera de pino lavada es barata y se complementa con la sencillez de esta cocina de madera pintada.

LOSAS DE PIEDRA CALIZA

El entusiasmo por esta piedra natural en piezas proviene de su fácil obtención. Elija una muy poco porosa.

VENTAJAS
• Amplia gama de colores, texturas y dibujos.
• Bien acabadas son duraderas y de bajo mantenimiento.
• Resistentes al calor, al agua y a los detergentes.

DESVENTAJAS
• Algunas variedades porosas requieren varias capas de selladora.
• Superficie dura, fría y ruidosa.
• Sobre los colores claros se nota la suciedad.

TEMAS DE REFLEXIÓN

■ Antes de tomar una decisión final respecto al pavimento, reflexione acerca de los materiales elegidos en los diferentes acabados, las encimeras, los electrodomésticos y las tapicerías. Así se asegurará de que todos los elementos se complementan entre sí. No se olvide del suelo del recibidor o de las habitaciones adyacentes: en una casa pequeña, un exceso de acabados diferentes puede resultar agobiante.

■ Tenga en cuenta el coste de instalación del pavimento además de su precio de compra. Todos los pavimentos, salvo el vinilo y el linóleo, deben instalarse antes que los armarios y los electrodomésticos, durante cuya colocación deberá protegerse el nuevo pavimento.

■ Su elección puede depender de los cuidados diarios que esté dispuesto a prestarle. Algunos materiales, como la madera, exigen mayores atenciones, especialmente alrededor del fregadero, donde el agua daña el barniz.

■ Decida si la cocina es lo suficientemente amplia para instalar dos pavimentos diferentes: por ejemplo piedra caliza alrededor de la zona de cocción, donde se concentra la actividad, y madera en la zona del comedor.

■ Si opta por los azulejos, tenga en cuenta que las habitaciones amplias requieren azulejos grandes y lisos. Para una cocina de grandes proporciones resultan adecuadas las losas de piedra y las grandes baldosas de cerámica.

AZULEJOS VITRIFICADOS

Es el pavimento más resistente e impermeable. Los azulejos de cerámica vitrificada no requieren un acabado de protección.

VENTAJAS
• De bajo mantenimiento y casi indestructibles.
• De producción industrial: baratos y fáciles de comprar.
• Existen en un amplio surtido de colores vistosos.

DESVENTAJAS
• Duros, y resbaladizos cuando están mojados.
• La lechada entre un azulejo y el otro es difícil de limpiar.
• Los vitrificados de colores intensos pueden agobiar.

BALDOSAS DE CERÁMICA

Pueden ser nuevas o antiguas. Con el tiempo, las primeras adquieren la misma pátina de las antiguas.

VENTAJAS
• La cerámica es más cálida que la piedra.
• Variedad de colores, texturas, formas y tamaños.
• Si están tratadas son resistentes al agua y las manchas.

DESVENTAJAS
• Son porosas y se manchan con facilidad.
• Resulta difícil encontrar baldosas antiguas que sean iguales.
• Las de buena calidad suelen ser muy caras.

PIZARRA

Popular gracias a sus variados colores, desde el gris hasta el verde y el morado; la pizarra se corta fácilmente en planchas o baldosas.

VENTAJAS
• Existe en una amplia gama de colores y tamaños.
• Disponible en acabados naturales lisos o rugosos.
• Resistente e impermeable.

DESVENTAJAS
• Las piezas grandes son frágiles y pueden partirse o desconcharse.
• Dura y fría al tacto.
• Las planchas de grandes dimensiones son caras.

CORCHO EN PIEZAS

Fabricado con corcho aglomerado, este pavimento es barato pero, comparado con otros pavimentos naturales, es un tanto monótono.

VENTAJAS
• Cálido, blando y sumamente silencioso.
• Barato y fácil de instalar sin ayuda profesional.
• Si se barniza es muy resistente a la suciedad.

DESVENTAJAS
• El color, la textura y el motivo son uniformes y monótonos.
• Sólo se pega con cola; se despega con la humedad.
• El dañado por el agua debe sustituirse.

VINILO

Un plástico barato y flexible producido en rollos o losetas, con un amplio surtido de colores y motivos.

VENTAJAS
• Blando, silencioso y antideslizante.
• Barato y fácil de instalar sobre una superficie previamente alisada.
• Resistente e impermeable.

DESVENTAJAS
• Tiende a decolorarse con el tiempo.
• Poco reflectante y de aspecto artificial.
• Pueden formarse ondulaciones si el suelo es irregular.

LINÓLEO

Producido a partir de materiales naturales, como el aceite de linaza, se comercializa en planchas o losetas y se puede cortar a mano.

VENTAJAS
• Superficie silenciosa, cálida y acogedora.
• Fabricado con sustancias completamente naturales.
• Resistente y fácil de limpiar.

DESVENTAJAS
• Más caro que el vinilo; debe instalarlo un profesional.
• El agua puede filtrarse debajo de los bordes despegados.
• Puede estropearse si no está bien abrillantado.

ILUMINACIÓN

PARA QUE EL ambiente de la cocina sea agradable, tanto para comer como para trabajar, es imprescindible disponer de un sistema de iluminación bien diseñado. Como la instalación eléctrica debe hacerse con bastante antelación a la de los armarios, decida al inicio del proyecto dónde necesitará una iluminación directa o una ambiental más suave y cuál será la posición exacta de las luces. Si coloca una lámpara demasiado cerca de los armarios superiores, la fuente de luz quedará obstruida y proyectará sombras sobre la encimera.

SISTEMA DE ILUMINACIÓN MULTIFUNCIONAL
La línea de focos halógenos relaciona la cocina con el comedor; las luces bajas iluminan la encimera.

TEMAS DE REFLEXIÓN

■ Las bombillas de bajo voltaje tienen dos ventajas básicas: consumen un 30 % menos de electricidad que las comunes y son mucho más pequeñas, pero requieren un transformador para que sean compatibles con el voltaje suministrado por la compañía. Algunas incluyen el transformador; otras tienen un accesorio aparte que se ha de ocultar. Consulte a un profesional.

■ Compruebe de qué material es el techo, porque es muy difícil empotrar focos en el hormigón. Para solucionarlo, tendrá que construir un cielo raso de yeso un poco más bajo. Si tiene dudas, consulte a un especialista.

■ Para una cocina pequeña deberá pensar al menos en dos circuitos eléctricos: uno para las zonas de trabajo y otro para la general; para una habitación amplia puede necesitar hasta cinco circuitos: uno o dos para las encimeras, el frente de los armarios y la mesa; otro para el techo, otro para la zona de estar y uno auxiliar para iluminar las zonas secundarias.

■ Pregunte a un electricista si los fusibles existentes se adecuan a la iluminación que desea, si hay otras habitaciones conectadas a estos circuitos y si las lámparas pueden funcionar junto con otros aparatos eléctricos. Pida precios para calcular el presupuesto.

ILUMINACIÓN DE TRABAJO

FOCOS EMPOTRADOS

Los de bajo voltaje son muy discretos. Instálelos dejando 1 m de separación entre cada uno y a 30 cm de la pared para evitar sombras.

VENTAJAS
• Una luz intensa y directa que ilumina las encimeras.
• Al empotrarlos quedan protegidos y sin polvo.
• No deslumbran.

DESVENTAJAS
• Empotrado en la pared el foco luminoso puede quedar obstruido.
• El ángulo de la luz puede ser difícil de ajustar.
• En algunos, las bombillas son difíciles de cambiar.

ILUMINACIÓN AMBIENTAL

LÁMPARA DE PIE

Diseñada para el comedor o las zonas de descanso de las cocinas más amplias; suelen llevar un regulador de intensidad incorporado.

VENTAJAS
• Puede trasladarse a cualquier lugar.
• Aumenta la iluminación en los rincones oscuros.
• Su luz indirecta no deslumbra.

DESVENTAJAS
• Tiene que estar cerca de un enchufe.
• Inadecuada para áreas pequeñas pues ocupa mucho espacio en el suelo.
• Lejos de la lámpara, la luz es débil y fría.

LUZ BAJO LOS ARMARIOS

Ilumina las zonas oscuras bajo los armarios superiores; los tubos quedan ocultos tras un remate del módulo.

VENTAJAS
• Ilumina las zonas potencialmente oscuras de las encimeras.
• De instalación más barata que los focos empotrados.
• Resuelve el problema de las sombras proyectadas.

DESVENTAJAS
• Proyecta una luz dura y fría.
• Con el tiempo, los fluorescentes tal vez emitan ruido.
• Centra la atención sobre las encimeras.

FOCOS SOBRE RAÍLES

Los raíles montados en techo o pared facilitan una luz versátil, pero las bombillas se calientan y deben estar fuera del alcance de los niños.

VENTAJAS
• Los raíles son baratos y fáciles de instalar.
• Son versátiles porque las bombillas se pueden dirigir.
• Pueden instalarse en las paredes o el techo.

DESVENTAJAS
• Irradian mucho calor y queman al tocarlos.
• Las bombillas acumulan polvo y son difíciles de limpiar.
• Miradas con intensidad provocan trastornos visuales.

FOCOS DE PINZA

Solución momentánea para una ocasión inesperada: la luz que proyectan es limitada y los cables pueden estorbar.

VENTAJAS
• Baratos y sin costes de instalación.
• La luz se proyecta exactamente en el lugar donde se necesita.
• Se encuentran en correctos y variados diseños.

DESVENTAJAS
• Los cables pueden interferir con otras actividades.
• Ocupan enchufes destinados a otros aparatos.
• Hay que fijarlos a un elemento adecuado.

APLIQUES DE PARED

Adecuados para las habitaciones con techos altos. Si se instalan entre 30 y 60 cm del techo proyectan una agradable luz ambiental.

VENTAJAS
• Baratos si son de igual voltaje que la red de suministro.
• Aprovechan el espacio poco utilizado próximo al techo.
• Crean un ambiente diferente para comer en la cocina.

DESVENTAJAS
• Funcionan como fuente de iluminación secundaria.
• Inadecuados para cocinas de techo bajo.
• Pueden necesitar una lámpara de mucho voltaje y regulador de intensidad.

LÁMPARA DE MESA

Colgada encima de la mesa de la cocina, crea un ambiente diferenciado para una cena informal.

VENTAJAS
• Define la zona de la mesa.
• Se pueden apagar las demás luces durante la comida.
• Reduce la altura del techo y crea un ambiente íntimo.

DESVENTAJAS
• Es muy difícil cambiar la posición de la mesa.
• Las personas altas pueden golpearse la cabeza al sentarse.
• Funciona mejor con mesas redondas o cuadradas.

VELAS

Si no dispone de un comedor separado, encienda unas velas para convertir una cena en la cocina en un acontecimiento especial.

VENTAJAS
• Suavizan el ambiente duro de una cocina.
• Convierten una cena en la cocina en algo especial.
• Disimulan el desorden en encimeras y zonas de cocción.

DESVENTAJAS
• Desplazarse hasta el horno durante la comida puede ser difícil.
• Hacen falta varias velas para ver lo que se come.

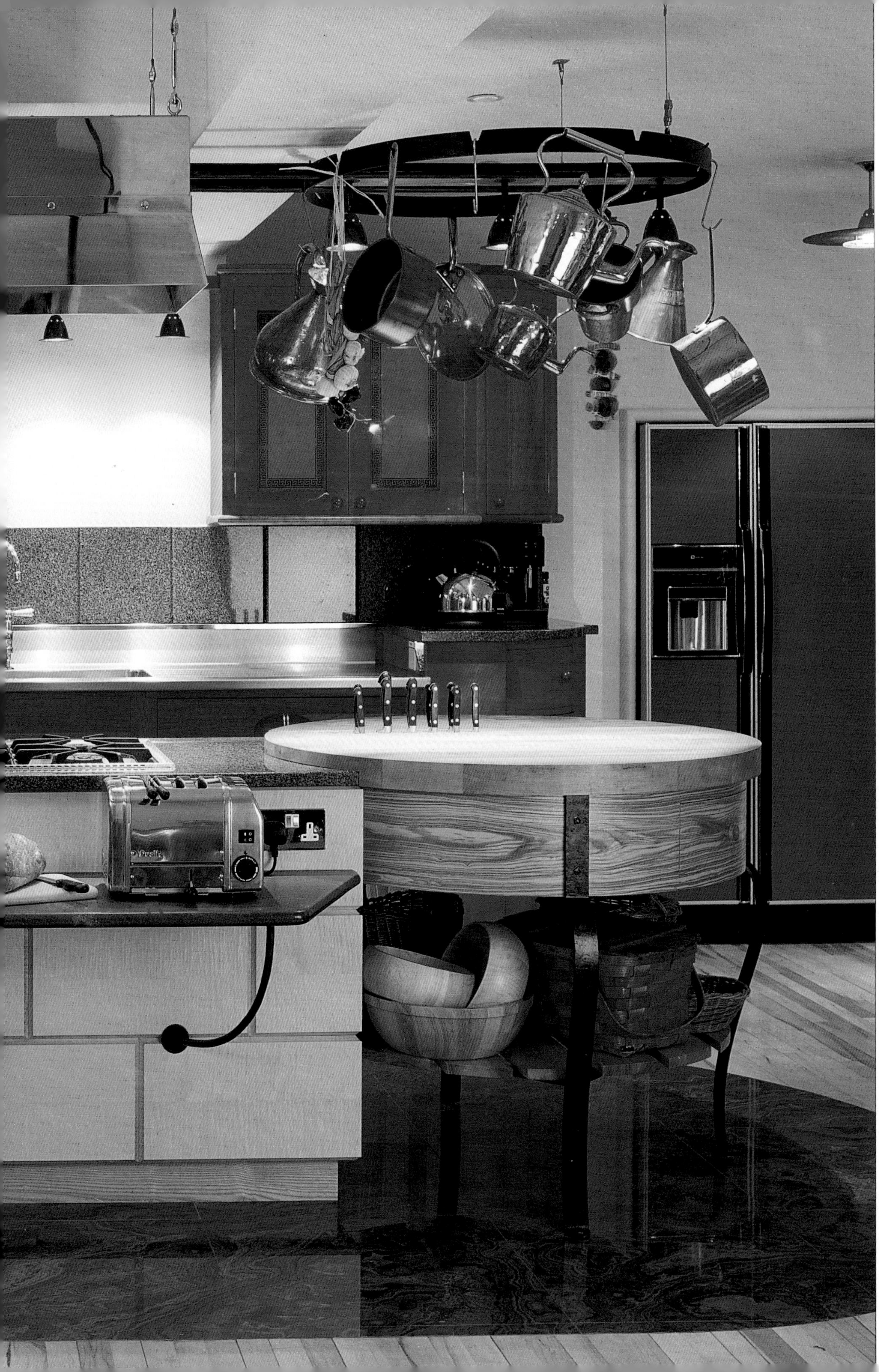

PLANOS

PLANO DE UNA COCINA PEQUEÑA

EN UNA HABITACIÓN pequeña, determine sus principales necesidades situando la zona de cocción, el fregadero y la zona de preparación. Establezca las dimensiones mínimas para trabajar sin sentirse incómodo, y después disponga otros electrodomésticos y las zonas de almacenamiento alrededor de este núcleo. Aproveche todo el espacio disponible desde el suelo hasta el techo.

ALMACENAR
Un gran armario de suelo a techo, situado en el rincón, deja el paso libre.

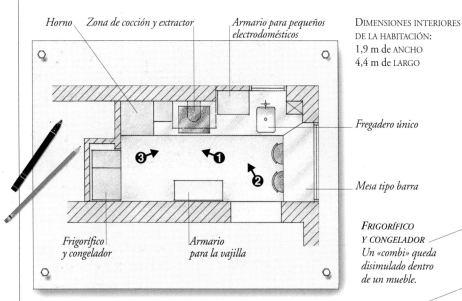

Horno   Zona de cocción y extractor   *Armario para pequeños electrodomésticos*

DIMENSIONES INTERIORES DE LA HABITACIÓN:
1,9 m de ANCHO
4,4 m de LARGO

Fregadero único

③ ➤   ➤❶

❷

Mesa tipo barra

Frigorífico y congelador   *Armario para la vajilla*

△ **PLANTA**
La zona del fregadero y la mesa tienen una iluminación natural óptima y vistas a través de las ventanas; la cocina está instalada contra una pared exterior para asegurar una buena ventilación. El resto de los electrodomésticos se colocan en los armarios para liberar el espacio central.

FRIGORÍFICO Y CONGELADOR
Un «combi» queda disimulado dentro de un mueble.

DESPENSA
Junto al frigorífico hay una despensa extraíble: En un solo viaje se toman alimentos de los dos contenedores.

PUNTUALIZACIONES

■ En un espacio pequeño es inevitable que los trabajos se realicen en áreas próximas, pero compruebe que puede desplazarse libremente por la cocina.

■ Instale electrodomésticos a la altura de los ojos en módulos altos y en un extremo de la cocina. Deje el resto de la habitación libre.

■ Las encimeras también sirven para otras actividades. En esta cocina, la mesa funciona como encimera.

■ Algunos electrodomésticos disponen de un doble sistema de bisagras. Cambiar la apertura puede dar más espacio.

ARMARIOS
Los armarios están diseñados para encajar encima y debajo de los electrodomésticos principales.

HORNO A LA ALTURA DE LOS OJOS
Las fuentes calientes pueden depositarse con rapidez sobre la encimera a su derecha.

ARMARIO ACRISTALADO
La vajilla y la cristalería se guardan a la vista, cerca del lavavajillas.

◁ ❶ DESPEJAR EL ESPACIO
La cocina halógena está empotrada en la encimera y funciona como zona de preparación cuando no se usa. Un armario, un fino y elegante extractor y unas luces bien elegidas mantienen todo despejado e iluminado.

EXTRACTOR
Un elegante extractor elimina el vapor y los olores, que pueden causar problemas en una cocina pequeña.

❷ **ACABADOS RESISTENTES** ▷
Todas las superficies horizontales son de acero inoxidable, ignífugo e impermeable, mientras que los armarios inferiores son de una melamina muy resistente para protegerlos de los golpes.

ARMARIO PARA PEQUEÑOS ELECTRODOMÉSTICOS
Así se aprovecha toda la profundidad de la encimera; los electrodomésticos se guardan en la parte posterior y se sacan cuando se necesitan.

VISTAS A TRAVÉS DE LA VENTANA
Las vistas desde el fregadero contribuyen a hacer más agradable el trabajo.

MICROONDAS A LA ALTURA DE LOS OJOS
El horno se sitúa a una altura accesible, liberando el espacio de la encimera.

FREGADERO ÚNICO
Muy pequeño, ahorra espacio en la encimera. Úselo sólo para lavar alimentos y enjuagar platos antes de introducirlos en el lavavajillas.

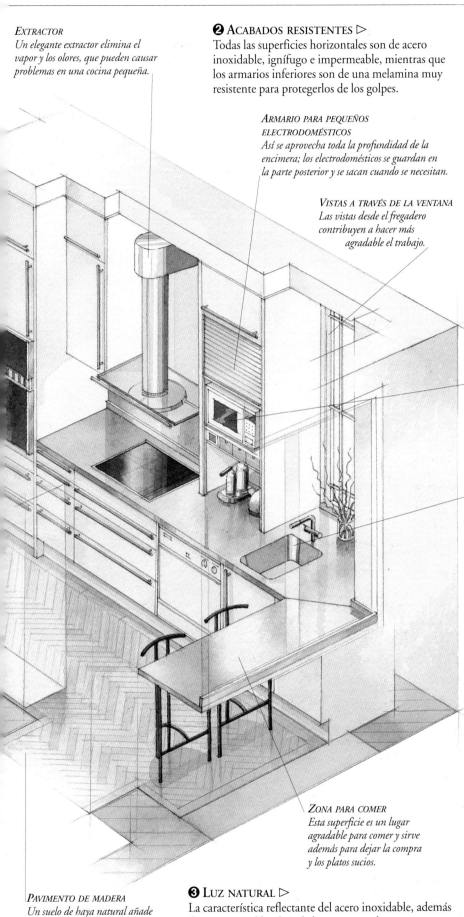

PARA MÁS DETALLES...

Armario de pequeños electrodomésticos VÉASE P. 24

Cocina halógena VÉASE P. 28

Hornos a nivel de los ojos VÉASE P. 31

Mesa tipo barra VÉASE P. 32

Encimeras de acero inoxidable VÉASE P. 38

ZONA PARA COMER
Esta superficie es un lugar agradable para comer y sirve además para dejar la compra y los platos sucios.

PAVIMENTO DE MADERA
Un suelo de haya natural añade calidez, neutralizando los acabados duros utilizados en otras partes.

❸ **LUZ NATURAL** ▷
La característica reflectante del acero inoxidable, además de un espacio libre bajo la barra y unas altas ventanas, proporciona luz y holgura a este extremo de la cocina.

ELECCIÓN DE UNA COCINA PEQUEÑA

△ MAXIMIZAR EL ESPACIO DEL SUELO

Una cocina artesanal puede ser una buena elección, ya que los muebles se fabricarán a medida. Aquí los principales electrodomésticos se colocan en un módulo alto, mientras que la zona bajo los fogones queda libre y gana espacio.

LA FORMA SIGUE A LA FUNCIÓN ▷

Módulos dispuestos en una secuencia lógica: el fregadero entre la zona de cocción y la de preparación. Encima y debajo de las encimeras, unos armarios proporcionan diferentes zonas, abiertas y cerradas, para almacenar.

◁ COCINA SIN VENTANAS

En esta cocina diminuta y carente de ventanas se han llenado todos los espacios disponibles de suelo a techo. Una iluminación intensa, escasa variedad de materiales, colores fríos y estanterías abiertas producen una impresión de orden y serenidad.

MOVIMIENTO CIRCULAR ▷

Una cocina circular cabe cómodamente en una habitación de 2,9 m de ancho. Las actividades centralizadas, con el cocinero situado en el centro, agilizan los desplazamientos.

PLANO DE UNA COCINA EXENTA

A DIFERENCIA DE las cocinas empotradas, en las que unos armarios estándar recorren las paredes, la cocina exenta tiene un aire más informal. Alberga una colección de elementos artesanales sueltos y, aunque el fregadero está empotrado, el efecto general es el de un conjunto homogéneo formado por elementos individuales y con función diferente.

ARMARIO ANTIGUO
Un mueble decorativo, montado sobre una plataforma, que oculta un frigorífico elevado.

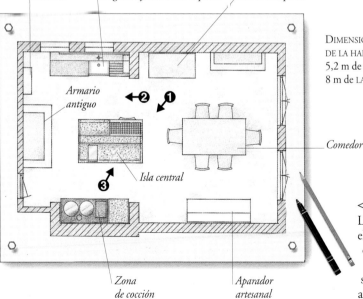

△ ❶ PROXIMIDAD
Las zonas de cocción y preparación ocupan espacios diferentes pero, para aumentar la eficacia, están muy próximas.

AGA
Instalada en su propio nicho alicatado, esta Aga de cinco puertas constituye la zona de cocción principal.

PUNTUALIZACIONES

■ Piense que las zonas de actividad y de almacenamiento se amueblarán con diferentes piezas. Adquiéralas en diversos lugares y disfrute con la variedad de formas, alturas, colores y acabados.

■ Para que la cocina tenga más carácter, deje al descubierto algunos detalles arquitectónicos, como nichos u hogares.

■ En la medida de lo posible, deje espacio alrededor de los muebles, pero asegúrese de que todos los electrodomésticos básicos estén próximos entre sí. Intente que las zonas de cocción y de preparación de alimentos formen el núcleo de la cocina.

Librería *Fregadero y escurridor de platos* *Armario despensa*

Armario antiguo

Isla central

DIMENSIONES INTERIORES
DE LA HABITACIÓN:
5,2 m de ANCHO
8 m de LARGO

APARADOR
Apoyado sobre una pared del comedor, permite colocar objetos sobre estantes, con armarios y cajones debajo.

Comedor

◁ PLANTA
Los muebles de la cocina llenan el espacio en lugar de apoyarse contra las paredes. Los elementos no están unidos por encimeras sino sueltos; es posible acceder a ellos desde varios ángulos.

Zona de cocción

Aparador artesanal

LIBRERÍA
*Una librería montada sobre
la pared, con un botellero en la
parte inferior, ocupa la esquina
sin abarrotar el espacio.*

❷ CONTRASTE DE ELEMENTOS ▷
Situados uno al lado del otro, la diferencia entre
la altura, el estilo y el acabado del armario antiguo
y la librería subraya las diferentes funciones de
ambos muebles: la habitación da la sensación de ser
un salón amueblado.

ISLA CENTRAL
*Las zonas de cortar y preparar alimentos se
dividen en superficies de granito y de madera de
cantos encolados situadas a diferentes alturas.*

ARMARIO DESPENSA
*El espacio delante del mueble
permite dejar las anchas puertas
abiertas mientras se llena.*

PARA MÁS DETALLES...

Armario despensa
VÉANSE PP. 18-19

Frigorífico VÉANSE PP. 20-21

Aga VÉASE P. 30

Mesa rectangular VÉASE P. 33

Azulejos VÉANSE PP. 42-43

ARMARIO DE SALÓN
*Colgado de la pared para liberar el
suelo que rodea al comedor, este mueble
hecho a medida contiene la vajilla, los
manteles y los cereales del desayuno.*

VENTANAS
*Unos ventanales junto
al comedor proporcionan
luz natural y vistas sobre
el jardín.*

MESA DE REFECTORIO
*El amplio espacio alrededor
de la mesa permite que hasta
diez comensales disfruten
cómodamente de una comida.*

BALDOSAS CERÁMICAS
*Unas baldosas grandes
de cerámica dan carácter
y resistencia.*

❸ ALMACENAR ▷
En lugar de instalar una hilera de armarios bajos
y altos, el espacio se aprovecha con este alto
armario despensa. La vajilla diaria se coloca en un
estante montado sobre la pared y las cestas
cuelgan de una estructura.

ELECCIÓN DE UNA COCINA EXENTA

△ MUEBLES SENCILLOS Y SUELTOS
La sencillez de éstos resulta muy atractiva y se resalta al combinar la madera pintada con las paredes blancas. El espacio que rodea a cada mueble es importante; para no llenar todas las paredes y rincones, evite los armarios en filas continuas.

△ MAMPARAS
Una cocina exenta permite utilizar muebles antiguos. El aparador de pino funciona como mampara, separando la zona de cocción del comedor. Unos armarios nuevos sirven de encimeras y contenedores.

DETALLES ORIGINALES ▷
Una cocina bien amueblada permite combinar elementos empotrados y sueltos con éxito. Aquí se ha reformado un salón, convirtiéndolo en una amplia cocina. Se conservaron algunos detalles, como las molduras del techo y la chimenea. La zona de cocción y el horno ocupan el nicho y aprovechan para la ventilación el tiro existente.

△ ELECTRODOMÉSTICOS TRAS LAS PUERTAS
Un hermoso armario antiguo puede contener cómodamente los electrodomésticos voluminosos. En esta cocina, se ha instalado un frigorífico y un microondas en el armario, pero también podría instalarse un horno elevado y una despensa para alimentos frescos y no perecederos.

△ ALMACENAMIENTO ACCESIBLE
El espacio de almacenamiento más accesible se halla entre la altura de las rodillas y la de los ojos. Un único armario grande proporciona en este caso más espacio que varios armarios con encimeras. Este mueble contenedor constituye un detalle y un alivio frente a la uniformidad de los módulos a una misma altura.

PLANO DE UNA COCINA EMPOTRADA

PARA DISEÑAR UNA cocina con módulos estándar empotrados hace
falta imaginación e inventiva. El secreto reside en ser selectivo para
que el mobiliario repetitivo no resulte abrumador. Elija puertas,
cajones y módulos acristalados de modelos estándar
y combínelos con encimeras, pavimentos y una
iluminación más cercanos a su gusto personal.

PIZARRA
*La puerta sobrante de
un módulo se ha pintado
de negro y sirve como
tablón de anuncios.*

PAREDES
*La pintura acrílica de
color beige da más luz
y facilita la limpieza.*

△ ❶ ARMARIO FUNCIONAL
Un módulo alto de dos puertas, diseñado para un
frigorífico, ha sido adaptado como armario grande,
útil para almacenar los utensilios de limpieza básicos.

ARMARIO ESTRECHO
*Un espacio entre el
armario y la encimera permite
la instalación de enchufes
en la pared.*

PUNTUALIZACIONES

■ Evite colocar hileras muy largas
de módulos similares con puertas
idénticas. Deje espacio en las
paredes para estanterías y cuadros.

■ Piense cómo equilibrar las
líneas horizontales y verticales de
una cocina modular. Conjuntos
de módulos que forren toda la
altura de las paredes eliminarán la
monotonía de encimeras largas y
módulos superiores.

■ Para que una cocina empotrada
tenga un aspecto menos frío
personalice los módulos. Un
carpintero le puede construir un
aparador encima de algún módulo;
como solución barata, adapte los
muebles existentes, pintando el
interior con colores vistosos.

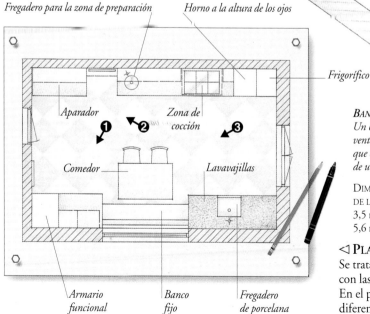

Fregadero para la zona de preparación

Horno a la altura de los ojos

Aparador

*Zona de
cocción*

❶ ❷ ❸

Frigorífico

Comedor

Lavavajillas

*Armario
funcional*

*Banco
fijo*

*Fregadero
de porcelana*

BANCO FIJO
*Un banco fijo bajo la
ventana ocupa menos espacio
que cuatro sillas alrededor
de una mesa.*

DIMENSIONES INTERIORES
DE LA HABITACIÓN:
3,5 m de ANCHO
5,6 m de LARGO

◁ PLANTA
Se trata de una habitación estrecha
con las largas paredes muy utilizadas.
En el plano no se aprecian las
diferencias de altura entre los módulos.

APARADOR HECHO A MEDIDA
*La parte superior está
decorada con un trozo
de moldura sobrante.*

**COLGADOR PARA TRAPOS
DE COCINA**
*Accesorio adecuado para
llenar un espacio que se ha
dejado libre de módulos.*

FREGADERO PARA VERDURAS
*Los ingredientes frescos
pueden lavarse en la zona
de preparación, evitando
desplazamientos por la cocina.*

PARA MÁS DETALLES...

Fregadero para verduras
VÉASE P. 26

*Encimeras de madera
barnizada* VÉASE P. 39

Suelo de linóleo VÉASE P. 45

Focos empotrados VÉASE P. 46

**EXTRACTOR Y ZONA
DE COCCIÓN**
*Esta elegante campana extractora
de aluminio y los cinco fogones
contribuyen a personalizar esta
cocina empotrada.*

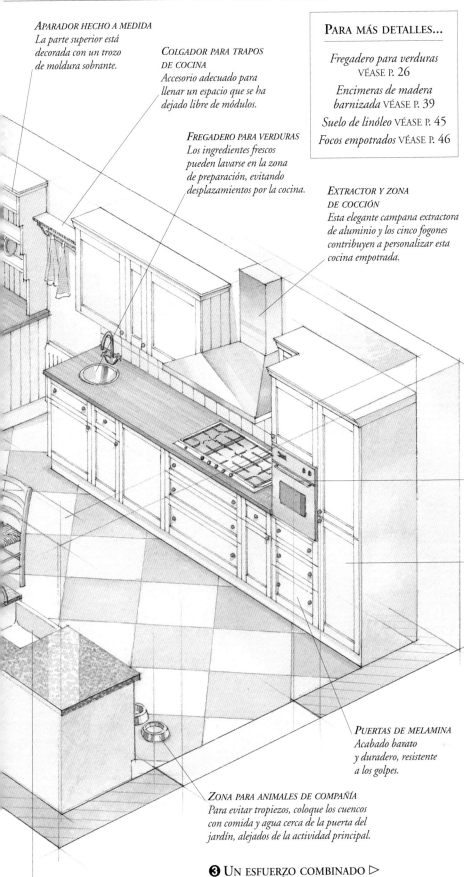

△ ❷ **ATENCIÓN A LOS DETALLES**
Los detalles sencillos tienen mucha importancia.
Aquí se ha construido un aparador encima de un
módulo estándar, y las delgadas encimeras de haya
tienen un canto de 40 mm de ancho para que
parezcan más gruesas y sólidas.

HORNO A LA ALTURA DE LOS OJOS
*Instale un armario encima y unos cajones debajo
para cambiar el aspecto de este módulo.*

ARMARIO PARA EL FRIGORÍFICO
*El horno y el frigorífico están juntos. Para
ahorrar energía deben estar bien aislados.*

PUERTAS DE MELAMINA
*Acabado barato
y duradero, resistente
a los golpes.*

ZONA PARA ANIMALES DE COMPAÑÍA
*Para evitar tropiezos, coloque los cuencos
con comida y agua cerca de la puerta del
jardín, alejados de la actividad principal.*

❸ UN ESFUERZO COMBINADO ▷
Si los módulos ofrecidos por el fabricante no
responden a sus necesidades, encargue un mueble
artesanal, como en el caso de este banco bajo
la ventana, que ahorra espacio.

MÓDULO DEL FREGADERO
*El fregadero se empotra en un módulo
estándar, pero las resistentes encimeras
de granito personalizan la opción.*

ELECCIÓN DE UNA COCINA EMPOTRADA

△ **PROYECTO AUDAZ**
En esta cocina, los módulos empotrados ocupan el espacio central en lugar de colocarse sobre las paredes. La zona de cocción y el fregadero están uno frente al otro: al trabajar, el cocinero disfruta de dos panoramas diferentes. Las paredes de yeso pintado neutralizan la frialdad del acero inoxidable.

△ **MÓDULOS EMPOTRADOS ESTÁNDAR**
En esta cocina de bajo presupuesto se ha instalado una hilera de módulos bajos para ganar espacio para las encimeras y las zonas de almacenamiento. La amplia zona de preparación se ha ajustado a las necesidades del cocinero al incorporar una pequeña pila para lavar alimentos frescos.

CALIDAD Y COMODIDAD ▷
Esta cocina empotrada ha sido construida para durar. Combina materiales de alta tecnología con la madera, que comporta la comodidad asociada a una cocina rústica.

△ **DETRÁS DE UNA PUERTA CERRADA**
El acabado blanco de los armarios y las paredes contribuyen a iluminar esta cocina estrecha, contigua a una habitación más amplia. A lo largo del pasillo de entrada se han instalado armarios de suelo a techo, que sustituyen a contenedores a la altura de los ojos.

△ **VARIACIÓN DE COLORES**
Los módulos han sido elegidos dentro de una gama estándar para que encajen con la distribución. La zona del comedor está rodeada por módulos bajos que sirven de soporte a una encimera auxiliar. El acabado azul fuerte añade carácter a la habitación, algo difícil de lograr en una cocina empotrada.

PLANO DE UNA COCINA CON ISLA CENTRAL

LA CLAVE PARA lograr una cocina amplia y donde el cocinero no se mantenga aparte es la isla central, pues éste mira hacia el interior de la habitación, en lugar de hacerlo a una pared. Respecto al espacio, una isla ayuda a concentrar las actividades culinarias en un área pequeña y el cocinero no pierde tiempo desplazándose por la cocina.

ESCURRIDOR PARA PLATOS
Los platos se secan y se guardan en una rejilla montada en la pared, desde el lavavajillas o el fregadero.

FREGADERO GRANDE
Un fregadero profundo es útil para remojar bandejas del horno, y la distancia desde la zona de cocción para escurrir las cacerolas pesadas es muy corta.

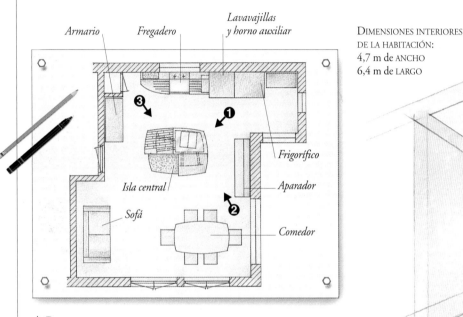

Armario   Fregadero   Lavavajillas y horno auxiliar

DIMENSIONES INTERIORES DE LA HABITACIÓN:
4,7 m de ANCHO
6,4 m de LARGO

Frigorífico
Isla central
Aparador
Sofá
Comedor

△ **PLANTA**
Una isla central debe tener espacio libre a su alrededor. Deje 1,2 m entre la isla y los armarios. Si hay un fregadero detrás de la zona de trabajo, asegúrese de que haya al menos 1 m de distancia entre ambos para que dos personas puedan trabajar espalda con espalda.

PUNTUALIZACIONES

■ Separe las zonas de actividad principales dentro de la isla: deje al menos 45 cm entre la tabla de madera por cortar y los fogones de gas para evitar los daños y peligros del fuego.

■ Diseñe en la isla central una encimera baja para apoyar los pequeños electrodomésticos. Si es de mármol o granito, servirá también para amasar.

■ En un lugar donde se cocina y reciben invitados, asegúrese de que hay una buena iluminación cenital para evitar que se proyecten sombras, e instale lámparas con regulador de intensidad para crear una iluminación ambiental suave en las zonas del comedor y de descanso.

TABLA DE CORTAR
Situada con vistas a la mesa y al jardín, la tabla de cortar está cerca del fregadero, la zona de cocción y el frigorífico.

ARMARIO
Los accesorios voluminosos se almacenan justo detrás de la isla central.

ENCIMERA BAJA
Los enchufes empotrados permiten el uso de pequeños electrodomésticos y otros accesorios eléctricos en la isla.

◁ ❶ **COCINAR ENTRE AMIGOS**
Los fogones y el horno bajo están orientados hacia el sofá, de manera que el cocinero puede hablar con los invitados. Un zócalo de acero inoxidable en la parte posterior protege la encimera barnizada de las manchas de aceite y de salsas.

MÓDULO DEL LAVAVAJILLAS
Para no tener que agacharse se ha colocado un horno encima del lavavajillas.

❷ **MUEBLES LLAMATIVOS** ▷
Visto desde la mesa, el módulo de la encimera de servir es el más decorativo de los cuatro. Oculta la zona de cocción y permite que el cocinero trabaje en público sin inhibiciones.

FRIGORÍFICO ALTO
El plano en isla libera espacio alrededor de las paredes para instalar un frigorífico cercano a la zona de preparación.

ZONA DE COCINA DE ACERO INOXIDABLE
Las encimeras que la rodean son ignífugas, pero deje unos 30 cm a ambos lados de los fogones.

PARA MÁS DETALLES...

Isla central VÉANSE PP. 24-25

Cocinas y extractores
VÉANSE PP. 28-29

Almacenar VÉASE P. 36

Iluminación
VÉANSE PP. 46-47

VENTANAS
Un gran ventanal y unas puertas acristaladas que dan al jardín llenan la habitación de luz.

MESA DE COCINA
Instalada en la zona más luminosa de la cocina, la mesa familiar es de madera encerada para que sea más resistente.

ZONA DE SERVIR
Una encimera libre para servir los platos, situada entre la zona de cocción y la mesa, facilita el servicio.

ZONA DE DESCANSO
Al centralizar los electrodomésticos y las encimeras, se ha creado una zona donde sentarse a descansar.

❸ **PARTICIPACIÓN** ▷
Los desplazamientos entre la cocción y la mesa, para dar el toque final a los platos, son menores, y así el cocinero queda excluido de la conversación.

COCINA CON ISLA CENTRAL

△ MÓDULO MULTIFUNCIONAL EN FORMA DE PENÍNSULA
En una cocina pequeña considere la posibilidad de colocar un módulo inspirado en una península circular con una mitad de granito y otra de madera de cantos encolados. El módulo hecho a medida aumenta la superficie para preparar alimentos y para comer, sin ocupar más espacio.

△ ISLA CENTRAL MINIMALISTA
Un módulo continuo de acero inoxidable pulido con un pequeño seno moldeado proporciona al cocinero una superficie donde lavar y preparar alimentos frescos mientras atiende a sus invitados, sentados en taburetes frente a él.

ISLA DE ALTURA VARIABLE ▷
Una isla funciona mejor si ha sido dividida en cuatro zonas de trabajo, cada una de ellas a la altura más eficaz para realizar a cabo las tareas. A diferencia de la mayoría de las cocinas empotradas, en las que una serie de encimeras están dispuestas a lo largo de las paredes, una isla central permite ocupar el espacio central.

△ FREGADERO CENTRAL
Si su cocina no tiene una vista espectacular a través de una ventana, instale el fregadero en una isla central para poder mirar hacia la habitación y no hacia una pared. Aquí la situación del fregadero permite un fácil acceso a la zona de cocción.

△ ESTRECHA MESA DE TRABAJO TIPO ISLA CON PLATAFORMA
Una cocina estrecha permite alojar una larga mesa de trabajo, moderna o tradicional, que funcione como una zona en la que varias personas puedan trabajar al mismo tiempo. Con una plataforma móvil en un extremo de la mesa podrá preparar alimentos de pie.

PLANO DE UNA COCINA IMPROVISADA

UNA VEZ COMPRENDIDOS los principios del diseño ergonómico, es posible montar una cocina cómoda y eficaz de usar con un presupuesto reducido. El secreto consiste en improvisar; dé una batida por las tiendas de segunda mano y vaya a subastas y consiga muebles que se adapten a su cocina. También puede colocar muebles heredados que estarían en una habitación diferente de la casa.

CAJONES DE BOTICARIO
Esta cajonera, adquirida en una subasta, alberga especias, velas y otros artículos del hogar.

FREGADERO DE PORCELANA
Heredado intacto, este fregadero con un escurridor incorporado se instala sobre un mueble artesanal.

△ **❶ ESPACIO COMPACTO**
Como el espacio es limitado, el fregadero, la cocina y la zona de preparación son contiguos, pero esta disposición compacta funciona bien.

PUNTUALIZACIONES

■ Los muebles han de seleccionarse con cuidado; asegúrese de que son funcionales y mídalos bien para comprobar que caben.

■ La zona más problemática es la que rodea al fregadero. Reflexione sobre el espacio del escurridor: deje 60 cm a cada lado. Tenga en cuenta la junta entre la encimera y la pila: requiere un sellador excelente. La zona de detrás del fregadero ha de protegerse de las salpicaduras *(véanse pp. 42-43)*.

■ Encontrar muebles con encimeras resistentes tal vez sea difícil. Evalúe sus prioridades para calcular si puede permitirse instalar encimeras nuevas *(véanse pp. 38-39)*.

DIMENSIONES INTERIORES DE LA HABITACIÓN:
1,9 m de ANCHO
4,7 m de LARGO
Cajones para especias

ALMACENAR ENSERES
Este módulo bajo el fregadero permite guardar la vajilla y la cubertería en cuanto los haya lavado.

BANCO DE MADERA
No hay espacio para una mesa, pero los invitados podrán sentarse en este banco.

Estufa de leña

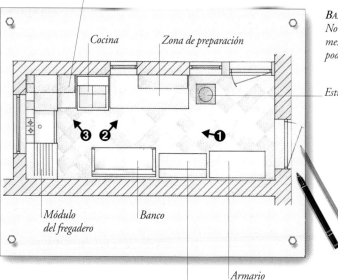

Cocina *Zona de preparación*

Módulo del fregadero *Banco*

Armario pequeño *Armario bajo*

◁ **PLANTA**
El fregadero, la cocina y la encimera para preparar alimentos forman una «L» sobre armarios empotrados, el banco y el resto de los armarios sueltos dejan espacio para abrir las puertas del fregadero.

COCINA DE GAS
Esta cocina de gas tiene una parrilla abatible a la altura de los ojos. Fáciles de controlar, sólo existen en las cocinas antiguas.

FRIGORÍFICO BAJO LA ENCIMERA
Instalado debajo de la zona de preparación, un frigorífico pequeño encaja en el espacio reducido y resulta barato si se compra de segunda mano.

ESTANTE
Un viejo estante de pino sirve para liberar el espacio de la encimera, pues proporciona una superficie abierta donde colocar utensilios y accesorios.

PARA MÁS DETALLES...

Frigorífico bajo la encimera
VÉASE P. 20

Cocinar con horno
VÉASE P. 30

Módulo de fregadero
VÉASE P. 34

Revestimientos
VÉANSE PP. 42-43

△ ❷ **MEDIDAS DE PROTECCIÓN**
En esta cocina estrecha, la encimera de madera está pegada a la cocina. Para no dañar la superficie de madera, las cacerolas calientes se apoyan sobre esterillas ignífugas.

ASPECTO
Una planificación ingeniosa sitúa la encimera entre ambas ventanas y consigue así una buena iluminación.

ESTUFA DE LEÑA
Una estufa de hierro fundido sirve de apoyo auxiliar cerca de la encimera de preparación.

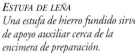

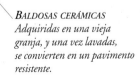

BALDOSAS CERÁMICAS
Adquiridas en una vieja granja, y una vez lavadas, se convierten en un pavimento resistente.

❸ **MATERIALES BARATOS** ▷
El techo irregular se reviste con tablas de madera pintada. También se han utilizado para construir muebles empotrados baratos bajo el fregadero y las encimeras de madera.

ARMARIO DESPENSA
Un módulo bajo sirve como despensa improvisada.

ELIJA UNA COCINA IMPROVISADA

△ ACERO INOXIDABLE ASEQUIBLE
Si le gusta el acero inoxidable pero no puede comprar módulos nuevos, asista a una subasta de hostelería en la que se venden módulos profesionales de segunda mano. Intente adquirir una mesa de trabajo y un fregadero de acero inoxidable: formarán el área donde lavar, preparar y comer.

△ COLGADORES
Los utensilios colgados de la pared no sólo tienen un aspecto bonito, sino que están al alcance de la mano. Aquí, tres toalleros de acero inoxidable hacen las veces de colgadores. Si la encimera es más larga, instale la barra de un armario antiguo.

TABLÓN DE ANUNCIOS ▷
En una cocina pequeña y estrecha no suele haber lugar para un escritorio donde anotar menús o listas de tareas domésticas; sin embargo, puede colgar un tablón de anuncios con sus recetas predilectas, listas de alimentos y facturas.

△ UN LAVADO DE CARA BARATO
Si su presupuesto no le permite modificar la distribución de la cocina de acuerdo a sus necesidades, transforme el aspecto pintando los armarios de un color intenso y cambiando los tiradores. Con mayor presupuesto, con unas encimeras y una iluminación nuevas realizaría un gran cambio.

△ ESTANTERÍAS DE BRICOLAJE
Unas estanterías vistas con ganchos resultan relativamente fáciles de construir y pueden albergar accesorios diversos de cocina sobre la encimera. Aunque es una solución más barata que los armarios fabricados a medida, los objetos acumulan polvo y hay que limpiarlos con regularidad.

PLANO DE UNA COCINA FAMILIAR

UNA COCINA FAMILIAR es algo más que un lugar donde preparar platos, y en esto consiste el desafío. Es el centro de la vida familiar y debe ser planificada en consecuencia. Divida la habitación en zonas independientes: una zona de cocción en una isla central, donde el cocinero mire hacia la habitación al trabajar, una zona de comedor informal y una zona de descanso con un sofá amplio.

CHIMENEA
Como los armarios y los electrodomésticos no están repartidos por la habitación, se puede añadir una chimenea a la estancia.

ARMARIO DESPENSA
En lugar de instalar módulos encima y debajo de las encimeras, un armario alto solventará las necesidades de la familia.

PUNTUALIZACIONES

■ Antes de optar por una cocina familiar de planta abierta ha de estar seguro de que le gusta cocinar en público.

■ Utilice alfombras y sofás para absorber los sonidos y ayudar a reducir los niveles de ruido de una cocina familiar amplia.

■ Una isla central larga funciona mejor si tiene una zona de preparación de alimentos circular en cada extremo.

■ Sitúe el fregadero y la cocina uno frente al otro para reducir los desplazamientos.

■ Deje mucho espacio para el almacenamiento.

ILUMINACIÓN CENITAL
Unas lámparas colgadas del techo reducen la altura de éste y crean un ambiente más íntimo por las noches.

DESCANSO
El sofá y las butacas se agrupan alrededor de la chimenea, creando una zona cómoda para relajarse y jugar.

Zona de descanso · Chimenea · Armario despensa

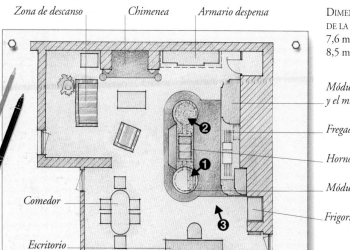

Comedor

Escritorio

DIMENSIONES INTERIORES DE LA HABITACIÓN:
7,6 m de ANCHO
8,5 m de LARGO

Módulo alto con el lavavajillas y el microondas

Fregadero de doble seno

Horno bajo la encimera

Módulo isla central

Frigorífico grande

△ **PLANTA**
Los electrodomésticos se concentran en la isla central y en el módulo del fregadero para mantener las actividades culinarias juntas y dejar espacio libre para el comedor.

❶ **ACTIVIDADES SUPERVISADAS** ▷
Una vista despejada desde la isla central hasta la mesa ovalada permite supervisar los deberes, dibujos y otras actividades realizadas ante la mesa mientras se preparan los alimentos.

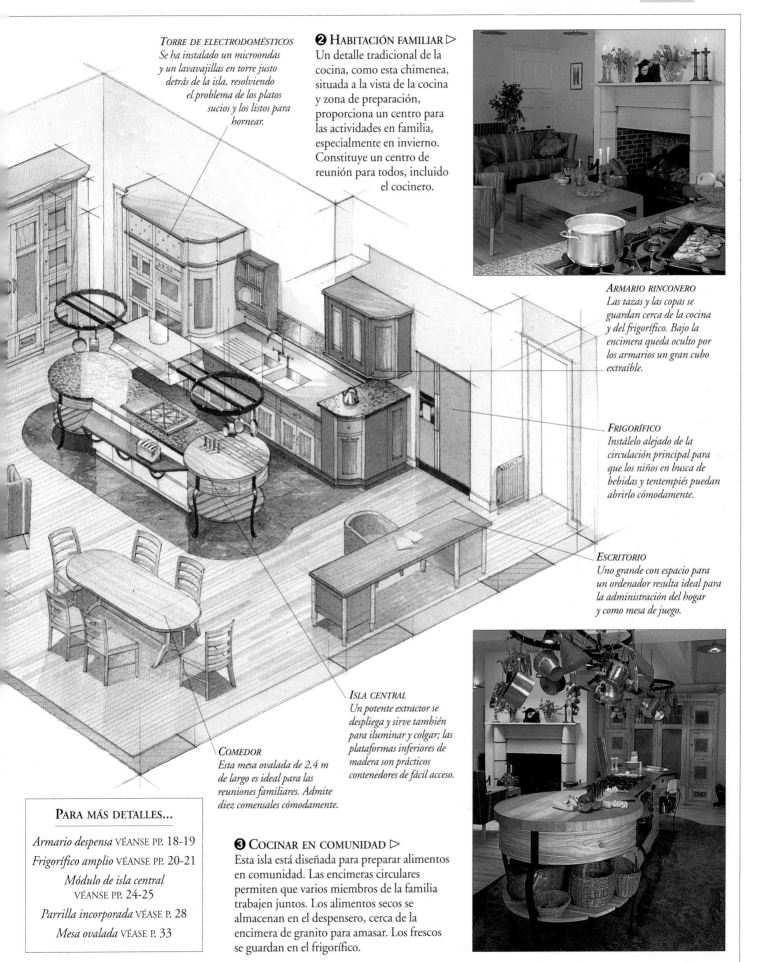

TORRE DE ELECTRODOMÉSTICOS
Se ha instalado un microondas y un lavavajillas en torre justo detrás de la isla, resolviendo el problema de los platos sucios y los listos para hornear.

❷ **HABITACIÓN FAMILIAR** ▷
Un detalle tradicional de la cocina, como esta chimenea, situada a la vista de la cocina y zona de preparación, proporciona un centro para las actividades en familia, especialmente en invierno. Constituye un centro de reunión para todos, incluido el cocinero.

ARMARIO RINCONERO
Las tazas y las copas se guardan cerca de la cocina y del frigorífico. Bajo la encimera queda oculto por los armarios un gran cubo extraíble.

FRIGORÍFICO
Instálelo alejado de la circulación principal para que los niños en busca de bebidas y tentempiés puedan abrirlo cómodamente.

ESCRITORIO
Uno grande con espacio para un ordenador resulta ideal para la administración del hogar y como mesa de juego.

ISLA CENTRAL
Un potente extractor se despliega y sirve también para iluminar y colgar; las plataformas inferiores de madera son prácticos contenedores de fácil acceso.

COMEDOR
Esta mesa ovalada de 2,4 m de largo es ideal para las reuniones familiares. Admite diez comensales cómodamente.

PARA MÁS DETALLES...

Armario despensa VÉANSE PP. 18-19

Frigorífico amplio VÉANSE PP. 20-21

Módulo de isla central VÉANSE PP. 24-25

Parrilla incorporada VÉASE P. 28

Mesa ovalada VÉASE P. 33

❸ **COCINAR EN COMUNIDAD** ▷
Esta isla está diseñada para preparar alimentos en comunidad. Las encimeras circulares permiten que varios miembros de la familia trabajen juntos. Los alimentos secos se almacenan en el despensero, cerca de la encimera de granito para amasar. Los frescos se guardan en el frigorífico.

ELECCIÓN DE UNA COCINA FAMILIAR

△ **COMER EN FAMILIA**
La mesa de la cocina es el punto central
de la vida familiar; aunque el espacio sea
limitado, intente incluirla. En una mesa
pequeña y redonda de 1,2 m de diámetro
caben cuatro comensales. Cuando no se usan,
las sillas caben bajo la mesa.

ACTIVIDADES CREATIVAS ▷
Una mesa de cocina familiar no sólo se usa
durante las comidas, también sirve para una
serie de actividades como pintar, dibujar
y modelar. Opte por una vieja mesa de pino
que disimule las manchas o cúbrala con un
mantel impermeable.

△ **ENCIMERA PARA NIÑOS**
El estante bajo que recorre el borde delantero de la isla proporciona una encimera indestructible
para los miembros más jóvenes de la familia que disfrutan cocinando. También sirve para apoyar
pequeños electrodomésticos, así como barra para desayunar.

△ **CAJÓN PARA JUGUETES**
Los juguetes desparramados por el suelo tienden
a provocar accidentes. Coloque un cajón
extraíble donde guardarlos antes de las comidas.
También es aconsejable colocar un pavimento
higiénico, como el linóleo.

△ **ESCRITORIO EN LA COCINA**
Un escritorio resulta útil para organizar la administración del hogar y para ayudar a los niños
con los deberes mientras se trabaja en la cocina. Un tablón de anuncios y una pizarra para las
anotaciones y la lista de la compra son útiles para que el hogar funcione sin problemas.

DIBUJE SU DISEÑO

DIBUJE LA HABITACIÓN

PARA CUALQUIER DISEÑO de cocina nuevo, el punto de partida son la planta y los alzados. La siguiente guía sencilla y detallada le ayudará a tomar las medidas de la habitación y a pasarlas luego a papel cuadriculado para realizar con precisión dibujos a escala.

LÁPICES DE COLORES

GOMA DE BORRAR

BLOC

EQUIPO
Para registrar visualmente las dimensiones de la habitación, las conexiones y los detalles arquitectónicos incómodos necesitará este equipo básico.

CÁMARA

CINTA MÉTRICA

ESCALERA

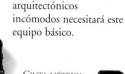

MEDIDAS DEL SUELO

Antes de empezar a diseñar una cocina nueva, ha de familiarizarse con las características de la habitación destinada a la cocina. Las medidas exactas del suelo le permitirán calcular si un electrodoméstico o un mueble cabrá cómodamente en el espacio disponible, y a determinar la situación de los enchufes y tuberías, las fuentes de luz natural, las paredes exteriores y el acceso a la cocina le ayudarán a planificar el mejor lugar para las zonas destinadas a preparar alimentos, cocinar, comer y fregar.

❶ ESQUEMA DE LA HABITACIÓN
De pie en el centro de la habitación fije la vista en el suelo. Dibuje un esquema del suelo y el contorno de los módulos o los detalles arquitectónicos fijos que formarán parte del nuevo diseño.

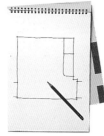

❷ MIDA EL SUELO
Ahora mida la superficie total del suelo. Utilice la cinta métrica y apunte la medida con un lápiz de color en el bloc. En este nivel es mejor no tener en cuenta detalles, como los zócalos, en sus cálculos.

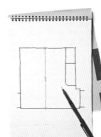

❸ MIDA LAS PAREDES
Siguiendo la dirección de las agujas del reloj para no confundirse, mida la longitud de cada una de las paredes. No suponga que son simétricas: debe apuntar las medidas cuidadosamente para posteriores consultas.

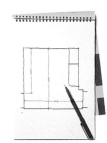

❹ SITÚE LOS PUNTOS DE CONEXIÓN
Examine la habitación y sitúe las conexiones, como la del gas, el agua y los enchufes. Indique los detalles estructurales que se incorporarán a su diseño: tiros de chimenea, paredes exteriores y orientación de la habitación.

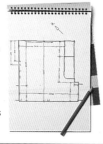

❺ SITÚE LOS DETALLES FIJOS
Mida las dimensiones y la situación de los electrodomésticos o muebles que no tenga intención de desplazar, como una cocina Aga o un armario despensa; luego dibújelos en el esquema.

❻ FOTOGRAFÍE LOS RINCONES COMPLICADOS
Tomar fotos le ayudará a recordar las zonas difíciles de medir, como los rincones incómodos o las paredes inclinadas. Unas fotos de los detalles de la habitación le servirán para recordar su estilo al diseñar una cocina nueva.

ALZADOS

Aunque los alzados muy detallados no son necesarios para diseñar la nueva cocina, es útil disponer de un boceto de cada una de las cuatro paredes para calcular si hay espacio suficiente en la pared donde colocar muebles exentos sin tapar las ventanas, los radiadores u otros elementos fijos. Los alzados le permitirán prever qué tamaño de los muebles es el más adecuado para las dimensiones de la habitación.

❶ MIDA LA ALTURA
Póngase delante de una pared y haga un boceto. Dibuje las puertas, ventanas o nichos. Aún no hace falta dibujar los detalles arquitectónicos, como las molduras. Subido a una escalera, mida la altura de la pared desde el suelo al techo. Apúntela en el boceto.

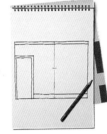

❷ MIDA LAS PUERTAS
Apunte la altura y el ancho de las puertas, zócalos y cornisas; también los detalles de los marcos o las molduras decorativas. Apunte las dimensiones de los puntos de conexión que quiera dejar libres. Haga un boceto del alzado de cada pared.

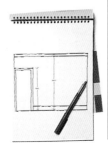

PLANOS A ESCALA

El boceto del plano de la habitación existente *(véase p. 76)* contiene toda la información necesaria para calcular dónde situar los electrodomésticos y los muebles en la nueva cocina. Sin embargo, también puede dibujar la planta y los alzados a escala. Siga las instrucciones indicadas abajo.

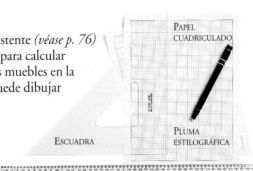

PAPEL CUADRICULADO

ESCUADRA

PLUMA ESTILOGRÁFICA

REGLA DE 50 CM

PAREDES EXTERIORES
Un sombreado grueso indica las paredes exteriores.

NECESITARÁ...
Este libro le proporciona papel cuadriculado, pero también necesitará los artículos indicados más arriba.

◁ **❶ TRASLADE LA PLANTA**
Consulte el boceto para obtener las medidas precisas y después dibuje las cuatro paredes del perímetro a escala en papel cuadriculado. Una las líneas rectas con la escuadra. Dibuje los detalles principales como las paredes exteriores, puertas y ventanas, importantes para distribuir su nueva cocina.

APERTURA DE LAS PUERTAS
Una línea de puntos indica la dirección en la que se abren las puertas.

LUZ
Las líneas paralelas indican la presencia de una ventana.

ALTURA DE LA CORNISA
El ancho de la cornisa limitará la altura de los muebles superiores.

❷ DIBUJAR UN ALZADO ▷
Dibuje cada pared a escala consultando las medidas del boceto del alzado. Empiece desde el suelo y dibuje los detalles y las conexiones al final.

TIRADOR DE LA PUERTA
Indique el sentido de apertura dibujando el tirador.

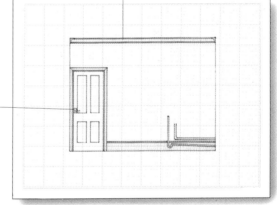

❸ OTROS ALZADOS ▽
Dibuje los alzados restantes a escala, incluyendo los detalles pertinentes para obtener una imagen completa de la habitación antes de empezar el diseño.

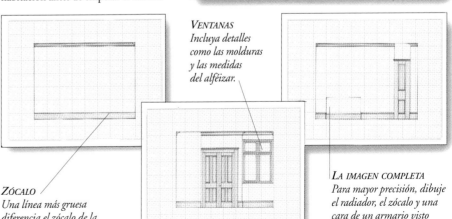

VENTANAS
Incluya detalles como las molduras y las medidas del alféizar.

ZÓCALO
Una línea más gruesa diferencia el zócalo de la línea que indica el suelo.

LA IMAGEN COMPLETA
Para mayor precisión, dibuje el radiador, el zócalo y una cara de un armario visto desde este punto.

SITÚE LOS ELEMENTOS

CONSULTE LA LISTA completa de electrodomésticos, muebles y materiales elegidos para la cocina. Debería disponer de toda la información necesaria para planificar la cocina adecuada a su personalidad y sus necesidades. El paso siguiente consiste en distribuir los elementos en el espacio disponible. Pruebe diversas soluciones colocando un papel de calcar sobre el plano (*véanse pp. 76-77*) y dibujando los elementos siguiendo el orden de diseño *(derecha)*. Es posible que tenga que dibujar varias versiones hasta dar con la mejor solución.

NECESITARÁ... ▷
Coja el plano de la habitación dibujado a escala y pegue un papel cebolla encima con cinta adhesiva. Sitúe los elementos dibujándolos con un lápiz blando, una regla y una escuadra. Cuando quiera probar cómo queda un diseño nuevo, cambie de papel.

PAPEL CEBOLLA

CINTA ADHESIVA

ESCUADRA

ESTILOGRÁFICA
LÁPIZ
GOMA DE BORRAR

REGLA

ORDEN DE DISEÑO

Para evitar confusiones al diseñar la nueva distribución de la cocina, sitúe los elementos elegidos en el plano en el orden siguiente.

❶ PRIMERO HA DE SITUAR EL MÓDULO DEL FREGADERO, porque incluyendo los escurrideros, es el elemento más largo. Disponga la zona de cocción, de preparación y el lavavajillas próximos a éste.

❷ SITÚE LA COCINA a pocos pasos del fregadero para poder lavar las cacerolas sin desplazarse a través de la cocina.

❸ PLANIFIQUE LA ZONA DE PREPARACIÓN cerca de la cocina, pero también del fregadero, para lavar alimentos frescos.

❹ SITÚE EL FRIGORÍFICO lejos de la zona de máxima circulación alrededor del fregadero, pero próximo a la zona de preparación.

❺ SITÚE LA MESA cerca de una fuente de luz natural y alejada de las zonas de actividad. Sitúe los contenedores cerca de las zonas de trabajo.

PLANOS RECHAZADOS

Lograr un diseño ergonómico bien planificado lleva tiempo, especialmente si la habitación tiene detalles fijos que deben incorporarse al diseño. Deje que su plano evolucione y aprenda de los errores.

ACCESO LIMITADO ▽
El fregadero está frente a la pared y por encima sobresalen armarios colgados de la pared; la puerta del frigorífico y la mesa limitan el acceso a la habitación.

ARMARIOS SUPERIORES
Los armarios a la altura de los ojos sobre el fregadero estrechan este rincón.

ZONA DEL COMEDOR
En la mesa sólo caben tres comensales y su posición obstruye la entrada.

ESPACIO REDUCIDO ▽
Si bien el módulo amplía la zona de trabajo, el armario ha quedado reducido a la mitad. El frigorífico se ha trasladado y se ha colocado la mesa bajo la ventana para ganar espacio.

ZONA DEL FREGADERO
Hay poco espacio en el rincón, pero la zona de preparación es mayor.

TABLA DE CORTAR
Entre los fogones y el frigorífico sólo hay un espacio reducido para preparar alimentos.

FRIGORÍFICO ALTO
Este elemento alto resta visibilidad al entrar en la cocina.

MÓDULO DE PENÍNSULA
La cocina, con un extractor por encima y un horno por debajo, divide la habitación en dos partes.

APERTURA DE LA PUERTA
La puerta se abre sobre el módulo de península, dificultando la entrada.

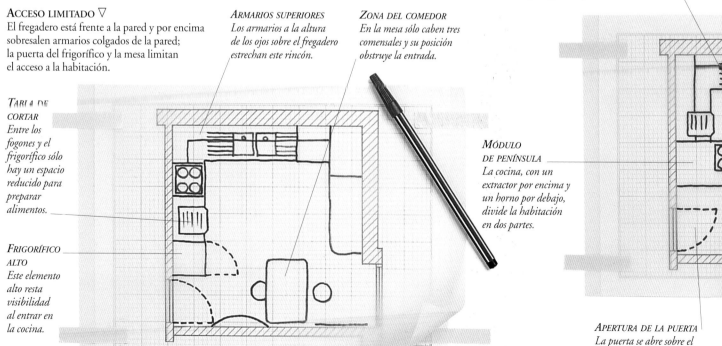

PLANO DEFINITIVO

Una vez resuelta la distribución de los electrodomésticos en el espacio y si ha alcanzado una solución ergonómica, proyecte el diseño definitivo en papel cuadriculado con una estilográfica.

VENTANA NUEVA
Se instala en una pared exterior y proporciona luz natural al fregadero doble.

LAVAVAJILLAS ELEVADO
Situado entre el fregadero y un armario empotrado, se enjuagan los platos antes de lavarlos y después se guardan.

ARMARIO DE LA CALDERA
Como es imposible moverlo, este armario rinconero tuvo que ser incluido en el diseño.

COCINA Y HORNO BAJO
Están rodeados por una encimera de granito ignífuga y cercana al fregadero.

ARMARIO EMPOTRADO
Se ha dejado intacto un armario empotrado original y se ha adaptado para albergar un frigorífico alto y la vajilla.

ZONA DE PREPARACIÓN
Un módulo circular dividido, de granito y madera de cantos encolados, proporciona una amplia encimera cerca de la cocina sin reducir el espacio.

ESTANTE PARA EL TELÉFONO
Un estante estrecho fijado al armario es un sitio adecuado para que el teléfono esté cerca de la mesa.

APERTURA DE LA PUERTA
Se han invertido las bisagras para que se abra contra la pared de la derecha, permitiendo una visión de la cocina. Más de una persona pueden preparar alimentos ante el círculo sin tener que cerrar la puerta primero.

ESTANTES DE PARED
Unos estantes estrechos y curvos encajan en la pared entre la mesa y la puerta, sin ocupar espacio en el suelo.

MESA PEQUEÑA
Apoyada contra la pared cerca de la ventana para ahorrar espacio, puede separarse y caben cuatro comensales.

VENTANA
La ventana original ilumina este extremo de la habitación.

ENCIMERAS LIMITADAS ▽
El fregadero está junto a la ventana, pero los desplazamientos desde éste hasta la cocina quedan interrumpidos por las personas que entran y salen. Los contenedores tienen prioridad frente a las encimeras, que sólo ocupan una zona pequeña junto a la cocina.

COMEDOR
Mal situada en la parte oscura de la habitación, la mesa está rodeada de armarios altos.

ESPACIO CENTRAL
Debido a una distribución incorrecta hay demasiado espacio sin utilizar.

ALMACENAMIENTO
Un armario sobre el lavavajillas, una rejilla para platos y unos estantes facilitan un almacenamiento básico.

FRIGORÍFICO ALTO
Está colocado en la otra mitad del armario empotrado.

ENCIMERA
Sólo hay espacio para una pequeña junto al centro de cocción para preparar alimentos.

MESA JUNTO A LA VENTANA
Una mesa fija es poco versátil y una parte del armario empotrado ha sido eliminada, dejando espacio para los asientos.

PUERTA DE ENTRADA
La circulación puede interrumpir los desplazamientos entre el fregadero y la cocina.

TORRE DE ELECTRODOMÉSTICOS
Está junto a la puerta y contiene el horno y el lavavajillas; pero interrumpe el paso.

DISEÑAR LOS DETALLES

UNA VEZ CONSEGUIDA una distribución satisfactoria, podrá empezar a pensar en los detalles. Opte por unos acabados, unos revestimientos, un pavimento y una iluminación adecuados a las necesidades de su cocina, pero tenga en cuenta el presupuesto y el tiempo que dedicará a la tarea.

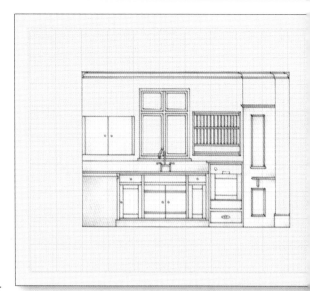

◁ **REÚNA FOTOGRAFÍAS**
Quizá ya haya seleccionado unos electrodomésticos y unos armarios específicos; en caso contrario, unas fotos de revistas o catálogos le ayudarán a elegir el estilo que busca, ya sea tradicional, moderno o de alta tecnología.

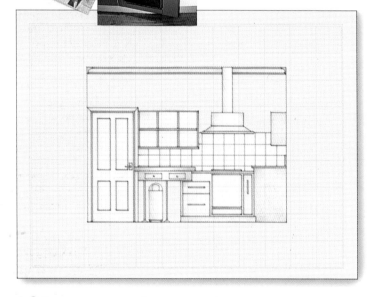

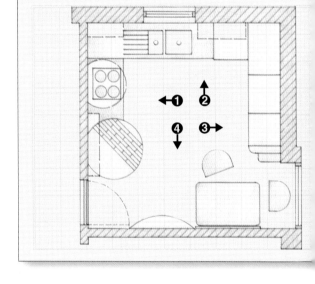

△ ❶ **ZONA DE PREPARACIÓN Y DE COCCIÓN**
Dibuje el contorno de los módulos de pared y los bajos para ver en detalle cómo encajan en el espacio existente. En este caso, dos cajones poco profundos en la mesa de preparación contienen utensilios; entre las patas está el cubo de la basura. Flanquean el horno unos cajones profundos para las cacerolas y uno estrecho para las botellas.

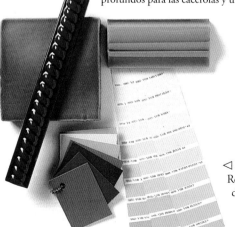

❹ **LIBRERÍA Y MESA** ▷
La puerta se abre hacia la derecha; esta zona debe quedar libre para no obstruir la entrada. Opte por una librería sólida colgada de la pared, un tablón de anuncios, una mesa de cocina y un revestimiento teniendo en cuenta que esta zona es susceptible a los golpes.

◁ **MUESTRAS**
Reúna muestras de colores de pinturas, dc azulejos y de encimeras en tiendas de bricolaje y de diseño de interiores, que le ayudarán a formarse una imagen de la cocina acabada.

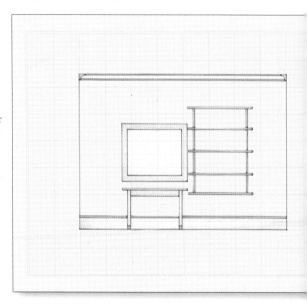

CONSULTE CATÁLOGOS ▷
Tenga a mano los catálogos en los que aparecen los electrodomésticos y los materiales elegidos. Le facilitarán la confección del presupuesto y le ofrecerán una lista de proveedores y distribuidores para hacer sus pedidos.

◁ ❷ ALZADO DEL FREGADERO
Céntrese en el módulo del fregadero y preste atención a los detalles, como la elección de los materiales para el módulo del fregadero, las puertas, los grifos, los escurridores, la cubierta del lavavajillas y el armario superior. También ha de pensar en un pavimento para esta zona húmeda, un zócalo detrás del fregadero para proteger las paredes, la iluminación de las zonas de trabajo y las cortinas.

▽ PLANTA
Una planta muestra el sitio exacto que ocupan los elementos de la cocina en relación con la forma de la habitación.

△ ❸ ELEMENTOS FIJOS
Sitúe los elementos fijos, como el armario empotrado y la ventana, para comprobar si dispone de espacio para una mesa con sillas delante de ellos. Dibuje la torre del lavavajillas de perfil para asegurarse de que las puertas del armario lleguen a abrirse por completo.

△ APARATOS DE ILUMINACIÓN
Antes de instalar la cocina proyecte la iluminación y organice el cableado. Instale los aparatos de iluminación cuando la cocina esté casi acabada.

TEJIDOS Y ACABADOS ▷
Al hacer el presupuesto, incluya dinero para los acabados y los tejidos. Unas cortinas y unos acabados de madera de buena calidad proporcionan mayor calidez y comodidad a la habitación.

PASOS SIGUIENTES

■ Muestre el diseño acabado a un fabricante de cocinas importante, una empresa especializada o un carpintero de la zona. Podrán comprobar sus planos y proporcionarle información técnica.

■ Obtenga el permiso de las autoridades pertinentes para realizar reformas estructurales.

■ Fije un programa con los paletas, fontaneros, electricistas, instaladores y decoradores que participarán en la obra. El orden de los trabajos es el siguiente: reformas estructurales, cableado e instalación de las tuberías; pavimento; aplicación de acabados; instalación de armarios; y los trabajos finales de electricidad, fontanería y decoración.

■ Compruebe que las fechas de entrega de electrodomésticos, armarios y materiales concuerden con el programa de la obra.

■ Cuando sepa cuánto tiempo llevará la obra, monte una cocina provisional o busque otros arreglos.

CONSEJOS PRESUPUESTARIOS

■ Una vez realizado el diseño inicial, calcule el coste de electrodomésticos, armarios, pavimento y otros materiales. Obtenga presupuestos del paleta, el electricista y el fontanero, que le ayudarán a calcular el coste de la instalación de la nueva cocina.

■ Si el diseño de su cocina ideal sobrepasa su presupuesto, vea cómo reducir los gastos. Quizá no precise tanto tiempo al paleta, puede optar por un pavimento y unas encimeras más baratos y colocar armarios de menor calidad.

■ El presupuesto ha de ser flexible para incluir los gastos imprevistos que puedan surgir.

PROVEEDORES Y DISTRIBUIDORES

La siguiente lista de nombres y direcciones útiles le ayudará a encontrar las tiendas especializadas para amueblar y equipar su nueva cocina.

MUEBLES DE COCINA

ALNO IBÉRICA
Exposiciones de muebles de cocina con todos los modelos actuales y las últimas novedades.

Barcelona: Vía Augusta, 108
Código Postal: 08006
Teléfono: 93 237 86 21

Madrid: Príncipe de Vergara, 112
Código Postal: 28002
Teléfono: 91 411 13 12

ALTA COCINA
Sevilla: Virgen de Luján, 1
Código Postal: 41011
Teléfono: 95 427 91 27

AYTOSA
Badajoz: Avda. Ricardo Carapeto, 31 A
Código Postal: 06008
Teléfono: 924 25 11 13

CABANES
Muebles de cocina de la firma Xey y electrodomésticos de las firmas Bosch y Neff.

Ciudad Real: Ctra. de Carrión, 4
Código Postal: 13004
Teléfonos: 926 25 13 50/54

CENTRO MIELE
Distribuidores oficiales de la firma Miele, Imperial y Gaggenau.

Barcelona: Calvet, 32
Código Postal: 08021
Teléfono: 93 200 87 10

Mallorca: Gral. Riera, 8
Código Postal: 07003
Teléfono: 971 20 06 03

COCINA MEDITERRÁNEO
Almería: Avda. del Mediterráneo, 229
Código Postal: 04006
Teléfono: 950 22 45 57

COCINART
Distribuidores oficiales de las firmas Miele, SieMatic, Corian, Imperial y Gaggenau.

Palma de Mallorca: Eusebi Estada, 11
Código Postal: 07004
Teléfono: 971 75 00 72

COCINAS ARBESÚ
Distribuyen las firmas SieMatic, Ébano y Bercely.

Oviedo: Asturias, 38
Código Postal: 33004
Teléfonos: 98 523 05 51 / 96 46

DECOCINA
Córdoba: Escritor Carrillo Lasso, 8
Código Postal: 14007
Teléfono: 957 25 52 99

DECO-DISEÑO INTEGRAL
Distribuidor oficial de Foppapedretti y muebles de cocina de las firmas Laboger y OB.

Huelva: Puerto, 6
Código Postal: 21003
Teléfono: 959 25 79 17

ÉLITE
Amplia oferta y gran variedad de modelos. Distribuidores de las firmas MCO, Gaggenau y Neff.

Burgos: Alfonso X el Sabio, 50
Código Postal: 09005
Teléfono: 947 22 06 62

GAMAHOGAR
Especializados en cocinas rústicas en roble. Castaño y arce. Distribuyen la firma Arthur Bonnet.

Madrid: Don Ramón de la Cruz, 67
Código Postal: 28001
Teléfono: 91 401 19 47

H. A. DISEÑO
Distribuidores de la firma Xey.

Madrid: Juan Bravo, 51
Código Postal: 28006
Teléfono: 91 402 91 84

Paseo General Martínez Campos, 24
Código Postal: 28010
Teléfono: 91 310 11 13

HABITAT
Muebles de cocina de madera, en su color natural o teñidos.

Barcelona: Avda. Diagonal, 514
Código Postal: 08006
Teléfono: 93 415 44 55

Madrid: Paseo de la Castellana, 79
Código Postal: 28046
Teléfono: 91 555 33 54

Valencia: Colón, 34
Código Postal: 46004
Teléfono: 96 394 41 12

IKEA
Establecimiento especializado en la decoración del hogar que también ofrece complementos de cocina.

Barcelona: Luxemburgo, Polígono Montigalá
Código Postal: 08917 Badalona
Teléfono: 93 497 00 10

Las Palmas de Gran Canaria: Autopista Las Palmas-Gando, km 12
Código Postal: 35219 Telde, Gran Canaria
Teléfono: 928 13 23 30

En los establecimientos IKEA de Madrid y Las Palmas no tienen cocinas, solamente complementos.

KARIS DISEÑO
Distribuidores de Santos y Arrital.

Cádiz: Avda. Cayetano del Toro, 18
Código Postal: 11010
Teléfono: 956 26 48 11

KIEROS
Muebles de cocina y cuartos de baño de las primeras firmas nacionales e internacionales.

Vitoria-Gasteiz: Beato Tomás de Zumárraga, 18
Código Postal: 01008
Teléfono: 945 13 88 50

KÖNNEN
Cadena de establecimientos de muebles de cocina de la más alta calidad. Distribuidores de la firma Xey.

A Coruña: Fernando Macías, 3-5
Código Postal: 15004
Teléfono: 981 25 48 33

Lanzarote: José Antonio, 73
Código Postal: 35500 Arrecife
Teléfono: 922 81 35 87

León: República Argentina, 14
Código Postal: 24004
Teléfono: 987 25 51 51

Santiago de Compostela:
Hórreo, 166, bajo
Código Postal: 15702
Teléfono: 981 59 40 18

Sevilla: Felipe II, 2
Código Postal: 41013
Teléfono: 95 423 60 39

Tenerife: Alfaro, 6
Código Postal: 38003 Santa Cruz de Tenerife
Teléfono: 922 27 02 68

Valencia: Gran Vía Marqués del Turia, 63
Código Postal: 46005
Teléfono: 96 351 35 92

Valladolid: Teresa Gil, 25
Código Postal: 47002
Teléfono: 983 39 69 47

KUARTA

Distribuidores de la prestigiosa casa alemana
Bulthaup

Murcia: Casa de los Nueve Pisos;
Callejón del Burruezo, s/n
Código Postal: 03005
Teléfono: 968 28 18 37

LEYRE

Distribuidores de las firmas MCO
y Poggenphol y electrodomésticos
Neff.

Bilbao: Gran Vía, 63
Código Postal: 48011
Teléfono: 94 442 50 62

MÁS COCINAS

Trabajan con las firmas Berloni, Smeg, Candy,
Neff y Mepansa.

Granada: Arabial, 92
Código Postal: 18003
Teléfono: 958 27 10 18

MORENO STYLO

Trabajan con las firmas Teka, Aspes, Soberana
y Balay.

Albacete: Francisco Pizarro, 67
Código Postal: 02004
Teléfono: 967 22 21 89

MUEBLES DOLMA

Cuenca: Ramón y Cajal, 27
Código Postal: 16004
Teléfono: 969 21 12 41

NELKE

Importan modelos
exclusivos italianos
y realizan reformas.
Electrodomésticos
Neff.

Madrid: Raimundo Fernández Villaverde, 34
Código Postal: 28003
Teléfonos: 91 533 49 90 / 533 47 11

NUZZI

Muebles de fabricación propia y diseños
italianos.

Barcelona: Avda. Diagonal, 608
Código Postal: 08021
Teléfono: 93 414 00 01

Madrid: Alcalde Sainz de Baranda, 63
Código Postal: 28008
Teléfono: 91 573 66 04

Avda. de los Artesanos, 34
Código Postal: 28760 Tres Cantos
Teléfono: 91 803 32 44

General Yagüe, 45
Código Postal: 28020
Teléfono: 91 570 85 24

Paseo San Francisco de Sales, 32
Código Postal: 28003
Teléfono: 91 534 40 22

Príncipe de Vergara, 44
Código Postal: 28001
Teléfono: 91 577 94 23

Valencia: Plaza de Tetuán, 10
Código Postal: 46003
Teléfono: 96 391 79 90

OFFICE HOGAR

Distribuidores exclusivos
de Arc Línea, Salvarani
y Vegasa entre
otros.

Zaragoza: León XIII, 5
(Francisco de Vitoria, 15)
Código Postal: 50008
Teléfono: 976 23 45 54

Madre Sacramento, 19
Código Postal: 50004
Teléfono: 976 21 96 91

SAFER MOBILIARIO

Mobiliario de cocina de fabricación propia
y distribución en exclusiva de las firmas
Snaidero y Maderi.

Granada: Paseo Ronda, 64-66
Código Postal: 18004
Teléfono: 958 26 16 25

SALTOKI

Muebles de cocina y electrodomésticos
de firmas como Bosch, Whrilpool
y Gaggenau.

Pamplona: Polígono Industrial
Landaben, calle A, s/n
Código Postal: 31012
Teléfono: 948 18 90 18

SANTA & COLE

Representante de la firma alemana Bulthaup
y de las francesas La Cornue y Gaggeneau.
Diseños magníficos y unos acabados
impecables.

Barcelona: Santíssima Trinitat del Mont, 10
Código Postal: 08017
Teléfono: 93 418 33 96

Girona: Força, 23-25
Código Postal: 17004
Teléfono: 972 22 35 24

Lleida: Comerç Vila Antònia, s/n
Código Postal: 25007
Teléfono: 973 23 03 63

Tarragona: Raval de Santa
Anna, 76
Código Postal: 43201 Reus
Teléfono: 977 34 51 51

SIELINE

Girona: Bonastruc de Porta, 31-33
Código Postal: 17001
Teléfono: 972 22 19 22

SIEMATIC ESPAÑA

Mobiliario de cocina en general.

Barcelona: Avda. Diagonal, 634
Código Postal: 08021
Teléfono: 93 201 84 33

SUSANOR

Santander: Cádiz, 17
Código Postal: 39002
Teléfono: 942 22 93 75

Montevideo, 1
Código Postal: 39008
Teléfono: 942 33 48 00

VDF

Muebles de cocina de fabricación propia
y de las marcas Miele y Wellman.

Lugo: Rda. de la Muralla, 127
Código Postal: 27004
Teléfono: 982 24 50 42

VERDI

Distribuidor en exclusiva de la firma
Scavolini.

Madrid: Quintana, 4
Código Postal: 28008
Teléfono: 91 542 64 93

VINÇON

Esta tienda de mobiliario y complementos
de diseño actual también tiene cocinas.

Barcelona: Paseo de Gracia, 96
Código Postal: 08008
Teléfono: 93 215 60 50

Madrid: Castellón, 18
Código Postal: 28001
Teléfono: 91 578 05 20

VIVIR FORLADY

León: Padre Isla, 26
Código Postal: 24002
Teléfono: 987 24 62 12

Valencia: Avda. del Puerto, 1
Código Postal: 46021
Teléfono: 96 337 16 16

WENGUÉ MOBLES DE CUINA

Estudio de proyectos y reformas de cocina.
Trabajan con las firmas Leicht, Ébano, Nuzzi,
Xoane, Gaggenau, Küppersbusch, General
Electric y Electrolux, etc.

Palma de Mallorca: Gral. Riera, 66
Código Postal: 07010
Teléfono: 971 20 32 16

ACCESORIOS, COMPLEMENTOS Y ELECTRODOMÉSTICOS

ALAMBIQUE

Todo tipo de complementos de cocina.

Madrid: Plaza de la Encarnación, 2
Código Postal: 28013
Teléfono: 91 547 88 27

Víctor Andrés Belaúnde, 25
Código Postal: 28016
Teléfono: 91 457 80 74

ALTA COCINA

Electrodomésticos de las firmas Bosch, Fagor,
Miele, Siemens y Zanussi.

Sevilla: Virgen de Luján, 1
Código Postal: 41011
Teléfono: 95 427 91 27

EXPERT

Gran variedad en modelos de
electrodomésticos y firmas, entre las que
destacan Ariston, Bru y Siemens.

Barcelona: Floridablanca, 87
Código Postal: 08015
Teléfono: 93 424 02 75

Cuenca: Carretería, 38
Código Postal: 16002
Teléfono: 969 23 18 04

Madrid: Goya, 102
Código Postal: 28009
Teléfono: 91 401 01 12

GENEVIÈVE LETHU

Complementos para la cocina y la mesa de la
conocida diseñadora francesa.

Alicante: Gral. Lacy, 8
Código Postal: 03003
Teléfono: 96 592 02 20

Barcelona: Consejo de Ciento, 312
Código Postal: 08007
Teléfono: 93 487 53 73

Avda. Diagonal, 557 Centro Comercial
L'Illa, local 1.76 y 1.77
Código Postal: 08007
Teléfono: 93 444 02 07

Bilbao: Alameda de Urquijo, 47
Código Postal: 48008
Teléfono: 94 410 52 01

Burgos: Laín Calvo, 13
Código Postal: 09003
Teléfono: 947 20 38 56

Girona: Carrer de la Creu, 34,
bajos B
Código Postal: 17002
Teléfono: 972 20 01 47

Guipúzcoa: Guetaria, 21
Código Postal: 20005
San Sebastián
Teléfono: 943 42 60 00

Madrid: Jorge Juan, 15
Código Postal: 28001
Teléfono: 91 576 81 54

Tarragona: Centro Comercial Parc
Central, local 36
Vidal y Barraquer, 15-17
Código Postal: 43005
Teléfono: 977 21 64 65

Tenerife: Teobaldo Power, 20-22
Código Postal: 38002 Santa Cruz de Tenerife
Teléfono: 922 29 33 27

Valencia: Cirilo Amorós, 34
Código Postal: 46004
Teléfono: 96 352 50 80

KEOPS

Electrodomésticos, fregaderos, campanas
extractoras y pavimentos cerámicos.

Burgos: Polígono Industrial Naves
de Taglosa, 49
Ctra. Madrid-Irún, km 243,100
Código Postal: 09007
Teléfono: 947 48 00 24

Castellón: Polígono Ronda Sur, nave 1
Código Postal: 12006
Teléfono: 964 25 31 00

Palma de Mallorca: 31 de Diciembre, 52
Código Postal: 07004
Teléfono: 971 75 08 71

Valencia: Cirilo Amorós, 17
Código Postal: 46004
Teléfono: 96 394 20 50

LA GRAN HOJALATERÍA

Madrid: Imperial, 12
Código Postal: 28012
Teléfono: 91 366 42 89

LA OCA

Mobiliario y complementos de diseño actual
para la casa. Amplia gama
de menaje de cocina.

Albacete: San Antonio, 12
Código Postal: 02001
Teléfono: 967 52 37 72

Alicante: O'Donnell, 13
Código Postal: 03003
Teléfono: 96 512 21 63

Ctra. Nac. 332, km 88,8
Código Postal: 03550 San Juan
Teléfono: 96 565 54 14

Málaga: Armengual de la
Mota, 12 Centro Comercial
Málaga Plaza
Código Postal: 29007
Teléfono: 95 230 71 74

Navarra: Olite, 43
Código Postal: 31004
Pamplona
Teléfono: 948 24 07 16

Valencia: Conde
de Salvatierra de Álava, 20
Código Postal: 46004
Teléfono: 96 352 22 57

Zaragoza: Paseo de Sagasta, 23
Código Postal: 50008
Teléfono: 976 22 41 74

Menaje del Hogar
Electrodomésticos de las mejores
firmas.

Madrid: Alcalá, 388
Código Postal: 28045
Teléfono: 91 408 80 05

Bravo Murillo, 192
Código Postal: 28020
Teléfono: 91 571 52 27

Gabriel Usera, 6
Código Postal: 28026
Teléfono: 91 476 46 04

General Ricardos, 26 y 54
Código Postal: 28019
Teléfono: 91 472 36 67

Paseo de las Delicias, 88
Código Postal: 28045
Teléfono: 91 527 67 84

Pinzón, 30
Código Postal: 28025
Teléfono: 461 79 19

Santa Isabel, 28-30
Código Postal: 28012
Teléfono: 91 528 18 37

Pilma
Tienda de muebles y complementos
con buena selección de accesorios
de cocina.

Barcelona: Avda. Diagonal, 403
Código Postal: 08008
Teléfonos: 93 416 13 99 / 14 69

Valencia, 1
Código Postal: 08015
Teléfono: 93 226 06 76

Saltoki
Muebles de cocina y electrodomésticos
de firmas como Bosch, Whrilpool
y Gaggenau.

Pamplona: Polígono Industrial
Landaben, calle A, s/n
Código Postal: 31012
Teléfono: 948 18 90 18

Tien 21
Todo tipo de electrodomésticos
de las firmas Corberó, Fagor,
Miele, Philips, Sanyo, Siemens y
Zanussi.

Valencia: Avda. Ramón y Cajal
Código Postal: 46007
Teléfono: 96 351 35 68

Vendôme
Menaje y artículos para el hogar. Listas de
boda.

Barcelona: Roselló, 253
Código Postal: 08008
Teléfono: 93 415 29 52

En Argentina:

Barugel, Azulay y Cía.
Avda. Libertador, 7400
Teléfono: 704 15 74

Cucina Bella
Libertador, 7502 Núñez
Teléfono: 701 34 36

Euroconcepts
Buenos Aires Design Recoleta, loc. 30

Houses
Avda. Pueyrredón, 2472
Teléfono: 803 64 64 / 31 82

Mac
Avda. Libertador, 3401
La Lucila

En Colombia:

Bayco
Carrera, 15, 94-38
Teléfono: 236 12 81
Santafé de Bogotá

La Petite
Unicentro, Local 2-243
Teléfono: 213 92 89
Santafé de Bogotá

Malco
Carrera, 44, 75-64
Teléfono: 311 25 37
Santafé de Bogotá

Rudolff
Carrera, 24, 24A-37
Teléfono: 268 32 37
Santafé de Bogotá

En Chile:

Ferrara
Ambientes de cocina.

Avda. Isidora Goyenechea, 2919
Las Condes
Teléfono: 335 34 42

Homecenter (Sodimac)
Avda. Las Condes, 11.049
Las Condes
Teléfono: 215 10 03

Madeform, S. A.
Avda. Vitacura, 2877
Vitacura
Teléfonos: 233 82 26 / 234 42 94

Muebles Sur
General Jofré, 227
Santiago Centro
Teléfonos: 222 79 51 / 222 20 39

En Uruguay:

Efecto/Bosch
Rivera, 2569
Montevideo
Teléfono: 708 45 45

Florense
Constituyente, 1828
Montevideo
Teléfono: 401 94 99

Moveis
Chucarro, 1210
Montevideo

Oficio
Canelones, 2302
Montevideo

ÍNDICE

AGRADECIMIENTOS

AGRADECIMIENTOS DEL AUTOR

Quisiera expresar mi agradecimiento a todos los que nos permitieron entrar en sus hogares para fotografiar las cocinas, en especial a mis clientes Nick y Joan Marmont, Nick y Susie Ussiskin, y a mi esposa, Becca; además al señor y la señora Miles, Julia y Nick Parker, y también a Mark y Sara Quinn-Wilson.

Estoy especialmente agradecido a los artesanos con quienes he trabajado a lo largo de los años, cuya destreza, ánimo y eficacia han convertido mis diseños para cocinas en muebles muy bien construidos. Entre ellos están Jonathan Morriss, Stephen Cordell, Gordon Hopkins, Jonathan Parlett, Miles Muggleton, Andrew Parslow, Nigel Brown, Patrick Warnes, Paul Jobst, Paul Saban, John Barnard y Robin Weeks; los pintores especializados Jenny Holt y Felix Delmar, además de la artista Lucy Turner.

El esfuerzo y el entusiasmo de mi propio equipo de diseño también tiene mucho mérito; está compuesto por Davis Richards, Lynne Fornieles, Mike Rooke, Will Jameson, Anna Moore y Richard Lee, que también creó las detalladas ilustraciones que aparecen en este libro.

Estoy especialmente agradecido al equipo de Dorling Kindersley. En primer lugar, a Mary-Clare Jerram y Amanda Lunn, que me convencieron para que escribiera el libro, a Colin Walton que lo diseñó con tanto cuidado y se encargó de la dirección artística, y a mi valiente editora Bella Pringle, cuyo empeño y destreza tienen mucho mérito. También estoy agradecido al fotógrafo Peter Anderson por su perspicacia, paciencia y esfuerzo.

Finalmente, mi agradecimiento más sincero para mi esposa, que toleró mis ausencias en momentos cruciales de la vida familiar, permitiéndome escribir dos libros a la vez sin dejar de proporcionarme el estímulo necesario.

AGRADECIMIENTOS DEL EDITOR

Dorling Kindersley y Ediciones B también desean expresar su agradecimiento a Rebecca y Johnny Grey, Nick y Joan Marmont, señor y señora Miles, Julia y Nick Parker, Nick y Susie Ussiskin y a Mark y Sara Quinn-Wilson por permitirnos fotografiar sus cocinas.

También queremos dar las gracias a las siguientes empresas, que nos permitieron fotografiar sus salones de exposición: Arc Linea; Bulthaupt; Chalon; C.P. Hart; Newcastle Furniture Company; Nicholas Anthony y a Fired Earth, por el uso de sus pavimentos.

Así como a las personas que amablemente nos proporcionaron información: American Appliance Centre; Amtico; Christoph Caffyn; La Cuisinière; David Mellor; Formica Ltd.; Geneviève Lethu; Graham & Green; Hogarth & Dwyer; Jerry's Home Store; Mediterranean Imports; Moore Park Delicatessen; Pallam Precast; P.G. Kitchens and Bathrooms; RJ's HomeShop; Sinclair Till y Viaduct Furniture Ltd.

Y especialmente a Jeremy Myerson por su colaboración en esta serie, a Phillip Hayes, director general de SieMatic Kitchens del Reino Unido por prestarnos su tiempo y sus útiles consejos; a Charlotte Davies y Clive Hayball por sus consejos a lo largo de todo el proyecto; a Angeles Gavira y Simon Maughan por su asistencia editorial; a Ann Kay por la corrección de pruebas; y a Hilary Bird por el índice.

MATERIAL GRÁFICO: Richard Lee.

FOTOGRAFÍAS:
Todas las fotografías son de Peter Anderson y Matthew Ward, salvo:
(Los diseñadores de cocinas figuran entre paréntesis).

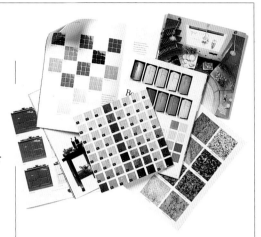

Peter Aprahamian (Johnny Grey) 10, 52-53; Interior Archive/Tim Beddow (John Pawson) 56bi; Simon Brown (Johnny Grey) 57; Michael Focard (Johnny Grey) 65; Ray Main 8bi, 52ad y 52bi, 60ai, 61, 64ad; Diana Miller 8a, 37ad, 85ai; James Mortimer (Johnny Grey) 6b; David Parmiter (Claudia Bryant) 52bd, 56ad y 56abd; Colin Radcliffe Design 65bi; Trevor Richards (Johnny Grey) 6, 9, 40ci, 64ai y 64bi, 72bd; Paul Ryan/ International Interiors (Gerry Nelisson) 68bd; Deidi von Schaewen 68ai; Fritz von der Schulenberg (Nico Rensch) 46ci; Colin Walton 40bi, 43ad, 76bd, 77ad, 78-79b, 80ai, 87b.

Las siguientes empresas tuvieron la amabilidad de prestarnos sus fotografías: Aga-Rayburn 13ai, 30a; Alternative Plans 37b; Chalon 56bi; Jenn-Air (CV4380PG) 82; John Lewis of Hungerford 72ad; Kohler 27b; Newcastle Furniture Company 57ai; Snaidero 52cb; Sub-zero 20 bi; Wrighton Kitchens «Albany» (Texas Homecare y diversas tiendas Homebase) 44i.

Abreviaturas: a = arriba; b = abajo; c= centro; d = derecha; i = izquierda.

Hemos intentado localizar a todos los propietarios de los derechos. Nos disculpamos por cualquier omisión involuntaria y estamos dispuestos a incluirla en las ediciones siguientes.

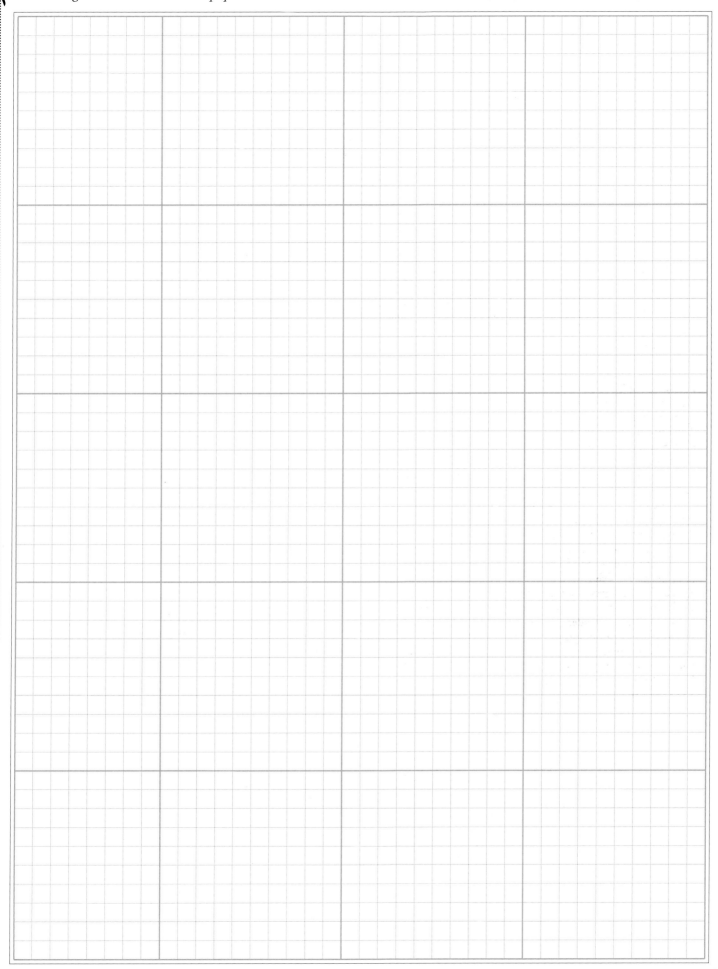

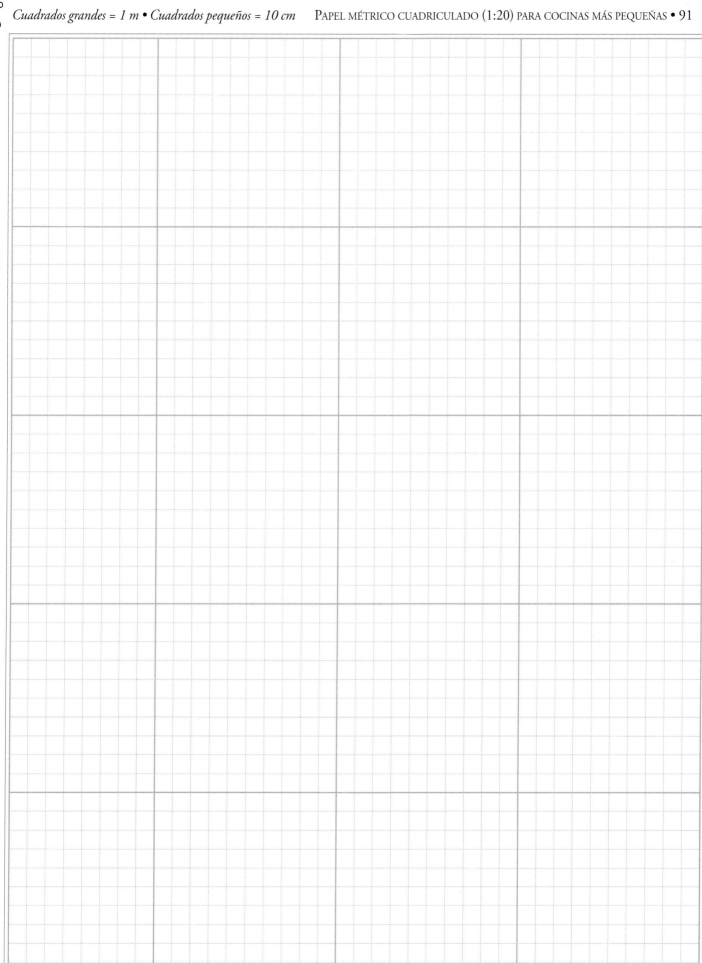

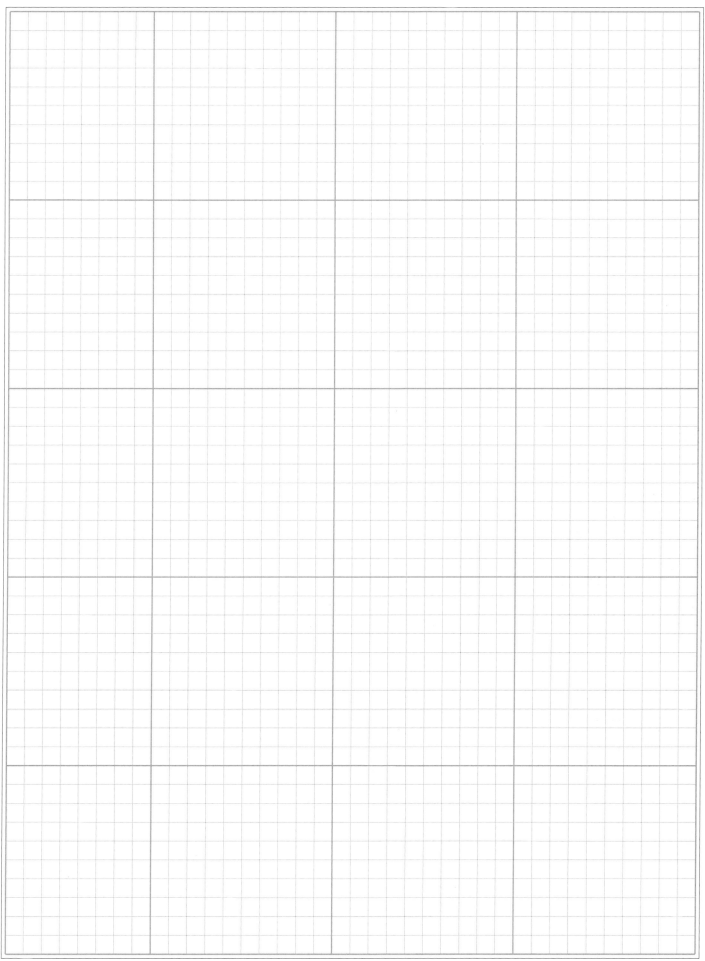

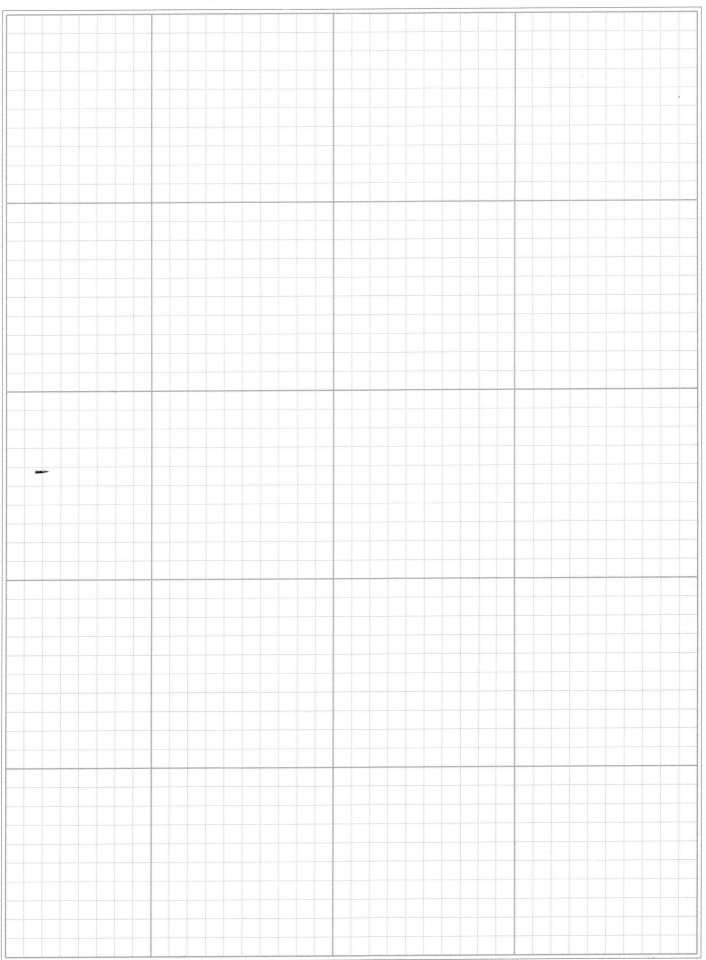